U0921744

一个教师的追求

张珊丽　著

经济日报出版社

图书在版编目（CIP）数据

一个教师的追求 / 张珊丽著. -- 北京 : 经济日报出版社, 2022. 7
ISBN 978-7-5196-1117-0

Ⅰ. ①一… Ⅱ. ①张… Ⅲ. ①教育工作 Ⅳ. ①G51

中国版本图书馆 CIP 数据核字（2022）第 108808 号

一个教师的追求

作　　者	张珊丽
责任编辑	王　含
责任校对	蒋　佳
出版发行	经济日报出版社
地　　址	北京市西城区白纸坊东街 2 号（邮政编码：100054）
电　　话	010-63567684（总编室） 010-63584556　63567691（财经编辑部） 010-63567687（企业与企业家史编辑部） 010-63567683（经济与管理学术编辑部） 010-63538621　63567692（发行部）
网　　址	www. edpbook. com. cn
E - mail	edpbook@ 126. com
经　　销	全国新华书店
印　　刷	成都兴怡包装装潢有限公司
开　　本	880mm×1230mm　1/32
印　　张	6. 50
字　　数	150 千字
版　　次	2022 年 7 月第 1 版
印　　次	2022 年 7 月第 1 次印刷
书　　号	ISBN 978-7-5196-1117-0
定　　价	48. 00 元

2022年春，张珊丽（左一）与湖南省特级教师谢作塘、谭兰霞老师在一起，研究如何弘扬传统文化，践行社会主义核心价值观。

2020 年张珊丽（右一）参加宜章县教师培训团队培训，与全国模范教师、全国最美教师、湖南省特级教师谭兰霞老师合影。

序　言

易图强

湖南省郴州市宜章县第九中学的历史教师张珊丽想让我为她的著作《一个教师的追求》写序。我没有推辞。

张老师是我走出校门、步入高校任教之初的得意弟子之一。1993年6月，我从南开大学历史系中国古代史专业研究生毕业，本来联系到岳麓书社干编辑出版工作，但临时因故未能去成，遂阴差阳错地到了原湖南教育学院（2000年5月合并到湖南师范大学）政史系当了一名历史老师。1994年招收了全日制历史1班，我是班主任。1995年开办全日制政史班，张老师是政史班的学员。湖南教育学院是成人高等师范院校，学员上学前就是中学老师，很多学员比我年龄大，甚至有比我大一个年代的，张老师应该是班上最年轻的，才20出头。印象中，她上课喜欢坐在后面，沉静，似乎有淡淡忧伤气质，外表秀丽，好读书，学习好。

1997年毕业后，张老师一直在她家乡的乡镇中学、县中从事历史教学工作，加上上学前的工作年限，迄今工作30年。其间，她由乡镇中学的普通老师，到县重点初中市级骨干教师；从只能参加片级教学比武，到多次拿省级大奖；从最初的“徒弟”，到县级教师培训团队培训师；从学校教研室干事，到学校教研室主任，并兼任历史教研组组长；从获得学校“优秀教师”，到荣获县“先进个人”，到获评市级“骨干教师”。这一路走来，学习贯穿着她教学工作的始终。她的教学效果很好，学生说她是“最博学”“最牛”的老师。对此，我一点不感到惊讶。正如她自己所说，她“将所有的日子串成学习的链条”，积极参加各种培训，“一系列的培训和勤奋刻苦的学习及博览群书，不断地夯实了我教书育人的本领”。爱阅读、爱学习是老师的本分，终身爱阅读、爱学习的人必有所成。

张老师不满足于只是当一名教书匠，不满足于只在讲台激情地吐口水，她对教学研究与学术研究也倾注热情，对书面写作和科学研究也舍得投入精力，并取得突出成绩，我感到很欣慰。对大学老师来说，教学与科研决不可偏废。教学关乎学生的培养，教不好书，良心不安；科研关乎自身的利益，搞不好科研，自己就无法顺利晋升职称。所以，教学是大学老师安身之天职，科研是大学老师立命之根本。中学不同于大学，教学更重要，但科研也并非可有可无。中学老师努力兼顾科研，既有利于推行研究性学习和素质教育，又有利于使自己脱颖而出。一个国家、一个省，乃至一个市、一个县的中小学名师，似乎没有哪个只是一个技艺高超的教书匠，而是同时有文章、有著作面世。文章与著作是更权威、更有效的传播媒介，既使作者扬名于世，又使作者的经验与思想惠及更多的人。口头说话时如果口才好，有激情，长得又帅又靓，自然会迷倒一片片的听众、观众，但学术性、理论性著作要想赢得读者的喜爱，除了基本的语言文字能力，还必须有知识的系统性、论述的逻辑性与认识的深刻性。实践表明，教学可以为科研催生问题、为科研提供感性认识，科研也可以深化教学、促进教学。在科研中，必然会广泛阅读，从而扩宽视野，教书育人的理念与方法也会得以创新。张老师自言：“我高擎教育理想，力求做一名学生尊敬、同行认可的科研型教师。”我给她点赞！希望她以后在科研、写作的道路上能够走得更好。

为了写序，也为了满足我对有关内容的学习兴趣，我浏览了珊丽所著《一个教师的追求》书稿的电子版。该著收录45篇文章，按选题与内容的不同，依次分为五大部分："学习成长""教研课改""研学旅行""我说宜章红故事""春花秋实"。其中，"教研课改"部分篇幅最大，超过4万字，其他4个部分都是约2万字。该著作是作者从事教学工作30年比较系统的总结与提炼，具体包括教学案例、教研论文、教学反思、对家乡历史文化的介绍与感悟等，既有初中历史课堂教学的具体设计，也有历史教学中实施思政教育的做法，还有对红色故事育人、乡村振兴结对帮扶以及家校共育的探索与思考。字里行间，展示了一位资深初中历史教师的职业素养与能力，展现了一位基层教育工作者的社会责任感与人文情怀，也流露出一位知性又灵动的知识女性的情思。相对来说，以下文章给我留下了更深的印象：《学习促我成长》《探究"五盖山的茶叶为什么这么好"》《如何构建初中历史学科"高效课堂"》《初中历史导言课——走进初中历史（教学设计）》《〈红军长征〉一课的授课过程及意图》《宜章榜山红军营地研学活动方案及小结》《〈探寻新航路〉一课思政教育的教学设计及反思》《班级实施家校共育的实践成果报告》《宜章古村腊元行》《情满相思坑》《樟树下访古》《吴仲廉与枫桥经验》。书中文章都是与初中历史教学、基层教育工作有关的专业性、知识性、操作性文字，但也有一些具有文学色彩的文章，如《宜章古村腊元行》《情满相思坑》《樟树下访古》，既介绍了作者家乡的传统历史文化，又是不错的游记散文。

从事历史教研，无疑要发挥历史学的社会功能。作为中学历史教师，向青少年学生传输"正能量"（注意：不能将其异化，不能将其乱用滥用）更是无可厚非。然而，我们不应忘记历史的客观性，真实是历史学的生命。利用影视作品来激发学生学习历史的兴趣，是开发历史课程资源的普遍做法，张老师也是这样做的。不过，她特别指出："在利用影视作品时，一定要引导学生区分史实与电影，不能迷信电影，因为影视作品与史实是有出入的。比如在抗日题材的作品中，往往突出共产党在抗战中的作用，而对国民党正面战场的抗战涉及较少，还有影视作品中的日本军队似乎都'不堪一击'，而中国军队都'战无不胜'，这些都应该提醒学生辩证地看待，全面准确地把握历史。"张老师具有历史老师的基本良知。热播的抗日"神剧"，不仅坑害了许多年轻人的心智，而且亵渎了为抵抗侵略而献身的中华儿女的英灵。在挖掘《探寻新航路》一课的思政元素时，张老师拓展课堂内容，让学生对比新航路开辟与郑和下西洋，然后强调："郑和下西洋，在600年前打通了东南亚海上丝路。千百年来，丝绸之路传承着和平合作、开放包容、互学互鉴、互利互赢的文化精神，在人类文明进步中薪火相传。新时代的中学生要热爱祖国、睦邻友好、科学航海、兴海强国。"张老师具有21世纪历史老师的全球意识与开阔心胸。

我还注意到，张老师及其所在的中学在历史教学中和相应的教育活动中重视运用新媒体手段，如开展历史电子报制作比赛、利用腾讯课堂软件开直播课、参加樊登读书会、设立名师网络工作室、利用慕课进行学习、运用学习强国与家慧库线上平台。几乎随时随地使用网络与智能手机已经成为我们的一种生活方式，新媒体已经成为我们身体的一部分，任何教育工作者、管理者都不能不充分发挥其积极作用，历史教研也不例外。

我曾经在大学学习历史学8年，毕业后又从事历史学教研7年，在原湖南教育学院稳定开设的一门课是"历史教育心理学"，1998年出版过《高考历史试题分类评析与精选习题汇编》，后来虽然跳槽到编辑出版学专业，但也一直开设"中国文化概论"课程，最近10年来的重点研究领域是新中国畅销书出版传播史，本质上还是属于历史学研究。我与历史学渊源长、情结深，所以，现在阅读自己学生主要谈历史教学的书稿，有一种久违的亲切感。尤其是书中的“研学旅行”部分谈的是作者家乡的传统历史文化，我更感兴趣。我喜欢看原生态的风景，喜欢吃原生态的饮食，也喜欢“原生态”的人。

2000 年 5 月，我从最古老的历史学科转到“最时髦”的编辑出版学科。编辑出版学专业是为出版单位和有关新媒体企业培养图书、期刊和数字出版物编辑出版人才的。我在课堂教学和学术研究中经常举例分析一些好书、畅销书。张老师的书稿中提到了她和同事、学生阅读的许多图书，如《解码青春期：如何陪伴十几岁孩子成长》《逆商：我们该如何应对坏事件》《干法》等，其中一些如《好妈妈胜过好教师》《大国崛起》《高效能人士的七个习惯》就是我在教学中屡次加以解剖的超级畅销书。

通读张老师的书稿，我还有意外的收获。我早就知道有位战功卓著的中共高级将领陈光，对长征胜利贡献极大，又是抗日战争和解放战争的名将，但因生性刚烈和政治斗争，1954 年自焚身亡，年仅 49 岁。看书稿中的《长征先锋陈光》一文，才知道这位富有传奇性、极具悲剧色彩的名将是湖南人，而且就是作者家乡宜章人。2020 年 9 月，我被浙江越秀外国语学院作为高层次人才引进担任编辑出版学带头人。来到绍兴，我经常听人说起“枫桥经验”，后了解到，枫桥是绍兴市下属县级市诸暨市的一个镇，“枫桥经验”最早是毛泽东主席于 1963 年批示推广的，但究竟是怎么一回事没去进一步了解。现在看珊丽书稿中的《吴仲廉与枫桥经验》才吃惊地发现，原来“枫桥经验”的助推者也是湖南人，也是作者家乡人。“吴仲廉助推的枫桥经验，60 年之后，习近平总书记再次弘扬出来……枫桥经验与宜章有极深的渊源，那是一位宜章籍的巾帼才女在浙江省当最高人民法院院长时经营出来的……”吴仲廉坚持原则，刚直不阿，有胆有识，人称“女包公”，1967 年被迫害致死，年仅 59 岁。作为湖南人，我为这两个前辈老乡既感到骄傲，又扼腕叹息。

在珊丽大作出版前夕，我阅读其书稿，有感而发，写下上述文字，权当为序。期盼该著顺利出版！相信该著不仅对作者有用，更对读者有益。

2022 年 3 月 23 日于绍兴

（易图强，浙江越秀外国语学院教授、编辑出版学带头人，湖南师范大学新闻与传播学院硕导）

享受追求

杨华祥

一位老师就是一部厚重的书，走进张珊丽老师《一个教师的追求》，愈发夯实了我的想法。我与她共事10年有余了，既熟悉又陌生，天天在一起上班，在教学、学校管理上有过一些交流，当归之于熟悉的序列，但是，读完这部书稿之后，方晓她藏着掖着了好多鲜为人知的东西，顿生陌生的神秘感。

珊丽老师出生在巍巍莽山脚下，自小沾了南岭山脉之坚毅，承了秀水河流之灵气，耳濡了湘南起义的厚重历史，于是便有了“读万卷书”的信念，在当年“千军万马挤独木桥”的高考中杀出重围，成了一名天之骄子。大学毕业后她又回到了家乡，执起了三尺教鞭，用行动回馈当年哺育了她的父老。

珊丽不仅是“历史先生”，而且是“女学究”，这称号是学生封的。因为她立足于构建历史大课堂，向来有“巾帼不让须眉”的豪气，当大多数老师玩教学的时候，她奉行的是学教，让学生带着已有的历史知识先学，不断分解学教中的重点、难点，让学生成为学教的本体和主体。她一直致力于追求学教课堂的生动和高效，致力于搭建学生成绩名列前茅的平台。为了这些，珊丽不满足于课本所学，她一头扎进正史野史里，《宜章志》《郴州志》

《湖南志》志志爱不释卷；宜章的古道、宜章的古桥、宜章的古民居她如数家珍；宜章的五朝元老，唐朝都统，一门三进士，隔巷两尚书……林林总总的历史人物和典故，更是耳熟能详，倾诉如流。她喜欢与人交流，尤其是智者、长者，每每信手拈来，活学活用。她钟爱走出去“取经”，用他山之石攻玉，兑现“活到老，学到老”的座右铭。她边走边看，边走边学，边走边记，便有了一本本厚厚的读书笔记。珊丽喜欢“历史知识生活化，日常生活历史化”，把生活搬进课堂、把课堂搬进生活成了她历史学教的两条腿。“用心读过去的历史，用心写今天的历史”成了她的口头禅。做更好的自己，成了她永恒的追求。好多人说，珊丽在用双脚丈量历史与现实的距离，她到底走了多少路，没有人统计过，记得的是脚底板和一本本自编的校本教材。正因为“腹有诗书气自华”，珊丽的课堂色香味俱全，一盘盘历史佳肴馋得学生垂涎三尺，这样的满汉全席我是品味过的，而且不止三五回，次次鲜活进脑海，难怪学生们总流连忘返，因为历史就在他们身边，胜景就在他们眼前，美食就在他们课堂，想不据为己有都难。正是因为如此，学生称其为“先生”“学究”也就水到渠成，顺理成章。

珊丽有今天的收获，也是顺其自然的事情。众所周知，有付出才有收获，《一个教师的追求》打上了她从教30余年的烙印。全书分5个部分，一是“学习成长”，二是“教研课改”，三是“研学旅行”，四是“我说宜章红故事”，五是“春花秋实”，洋洋洒洒10余万字，蔚为大观。一个星期来，天天读里面的文章，文如其人，其文品人品跃然纸上，且日读日新。对于她的学习成长，对于她的研学旅行，我看到了上进的珊丽、勤勉的珊丽、智慧的珊丽，在这里，也就不再一一延伸了，我一直赏识的是个体的珊丽、群体的珊丽、团队的珊丽。珊丽是学校普通的老师、优秀的老师。优秀的团队成就老师的优秀。宜章九中一直倾力于学科大课堂，构建学校大教育，老师们的公开课、比武课、示范课都经历了一次次交流，一次次打磨，一次次提升，最终才行诸文字，既内蕴老师们的共性，也彰显珊丽的个性，是集体智慧的结晶。当然，珊丽是学校教研课改的掌门人，她的付出肯定比任何人都多，她的收获肯定比任何人都大，这是不容置疑的。

阅读作品是一种享受，阅读珊丽更是享受中的享受。只要珊丽还在继续追梦，就有精彩不断、高潮不断、点赞不断、享受不断，是为序。

（杨华祥，湖南省宜章县第九中学党支部书记）

把职业当事业做

陈荣华

把职业当事业做的老师，少之又少，尤其是女老师，张珊丽则是把职业当事业的范例。

一般地说，把做老师当饭碗的大有人在。人要生存，不做事就没有饭吃，迫于生计，便挤进了老师这个行列。这类人，上面安排什么，他就完成什么，备课、上课，按部就班，只求完成任务，也就对得起饭碗了。为兴趣做老师的，确实为数不少，一辈子都有兴趣，却不多见。刚做老师时，兴冲冲的，滋味浓郁，久而久之，新鲜感消失了，周而复始，学校家庭，家庭学校，两点一线，翻来覆去，就那么个角色，寡然索味也是情理中的事。把老师当作事业来做的境界就大不一样了。我们常说，心有多大，事业就有多大。这个“大”是没有止境的，只要你肯经营，沉下心去，就能无限地放大，就有不断的收获。做事业的人，要的就是日积月累的耕耘，而她，永远沉醉在这辛勤耕耘之中，她最爱最享受的，正是这个过程。

中师毕业的张珊丽，奔的是构建历史大课堂，为此，她忙活了大半辈子，还将继续忙下去。她忙学习，忙提升，先是自学专科考试，然后参加成人高考脱产进修，用本科文凭印证自己的能力。她不止一回与同事侃聊，当老师的，永远没有成熟的，只有不断成长的，“六十六，学不足”。她热衷于各种各样的学习，有网络研修、短期培训、听课交流，有县、市、省、国家级别的各种培训，结业证数不清，优秀学员证就有近20个。学习促进了她工作和生活的实践提升，她成绩斐然：学生桃李满天下，儿子上了名牌大学，可是，奔五的她却毫不犹豫地一头扎进家庭教育讲师的培训，服务社会大课堂。

正如前面所说，张珊丽大半辈子都在继续学习，继续“充电”，她“爱自己，栽培自己”，这一点，很多人做不到，至少我没做到。因为爱自己的人多，栽培自己的人少。栽培自己是要倾心付出的，付出时间，付出精力，甚至还要付出金钱。在“学习成长篇”里，纳入了14个学习感悟，在她30年的教学生涯中，是其感悟的九牛一毛，我们都能够窥一斑而知全豹。张珊丽是学习的有心人，她擅长写学习笔记，当代人只知道做了什么事情都要留下痕迹，大多数只用于应付上面的检查，只表示曾经做过什么。张珊丽的笔记既是她学习打下的烙印，也是她的记忆库、资源库，更是她的营养库，在这个库房里，她常用常新，不停地吸收知识的养料。

长期以来，我们把老师分成三类，其一像老师，其二是老师，其三是真老师。上课铃响了，捧着教材、教案进了教室，乍一看，确实有模有样，也像一个老师了，至于合不合格，只有本身知道，没有谁深究；当老师的，能做完教育教学的各个环节，无论你从哪个视角测评，都能及格，只是一辈子没有自己的东西，充其量做了一辈子知识的搬运工，平心而论，这一类人也确实是老师。真老师是具有大教育观的，有其特有的思想、智慧、高度和个性。精耕细作教育那一亩三分地，那是连农夫都做得到的。一辈子干那样的活计，充其量是一个教书匠，真老师生产的都是特色产品、个性产品、尖端产品，唯其特色，唯其个性，唯其尖端，方显教书育人本色，这样的人，一辈子都要在教育科研这块沃土里永无止境地耕耘下去。

真老师当然是教研课改的能手，这能手，既践行，也引领。张珊丽是大忙人，大课题小课题，每个学年都有申报，都有立项，都有探究，从没间断过。这些跃动的成果，就体现在文本上。张珊丽是经营论文的天才，每个学年都有批量出炉，少则三两篇，多则10余篇，且含金量颇高。听说，张老师别的不多，多的是获奖证书，据不完全统计，有百余个，论文类的占一大半，入选《教研课改篇》的17个，只是其中最具代表性的范例。看得出来，张老师的教研课改是颇有成效的。她不局限于历史大课堂，有班主任工作，有社会实践，更有线上教学的“三享”过程，林林总总，彰显了她教研课改的特色。在此，对于她的研，我无意一味地拓展开去，想要说的是，作为老师，你的生命力就是成就学生，成就学生的一生，这是教育的张力，更是较高的渗透力，要做到这一点，务必不断更新自己，不断构建新的知识体系，而博学深究是唯一行之有效的重要途径，难怪张老师一天到晚都忙，尤其是主管学校教研室之后，抓教研课改这个版块，总有忙不完的方案、总结、简报……

有人说，张老师连睡觉都在学习，那话虽然有些夸张，却也是她学习、工作、生活的真实写照。一个人，用心到了极致，梦也会演绎她的求索。张老师是走到哪里学到哪里的人。她的驴友介绍，双休日，只要挤得出时间，徒步是她的最爱，有车之后，那步行也是少不了的。她关注宜章的红色、宜章的古色、宜章的绿色，最初是边走边看，边走边唱，渐渐地不满足于斯了，边看边写成为她必做的功课。大凡她走过的地方，都有游记见证她的游兴、她的感悟，以及作为历史老师深层次的探究。宜章上千年的史料，沉淀了颇具特色的地方风土民情，也累积了厚重的村落文化，在《建安文化传竹渚》《周家湾里理学深》里都有与众不同的认知和独到的见解，更令人刮目相看的是，她在禅阅《张氏族谱》时，读厚了老张家的族谱文化。“没有文化的家庭，是走不远的家庭。”她正言道。这悟性，正是读书人追求最高境界的写真。

走进《一个教师的追求》，收获满满的，令人看到了一个真实的张珊丽，有味道的张珊丽，有意义的张珊丽。如今，社会上不了解老师、不认可老师、误解老师的不乏其人，张珊丽是千千万万老师中的一个，既典型，又普通，她的《一个教师的追求》，会让漠视老师的人油然而生相见恨晚的感叹，从而致力于助推老师们所从事的伟大的教育事业！

是为序。

（陈荣华，湖南省宜章县作家协会副主席，诗词楹联协会副会长）

目　录

CONTENTS

学习成长篇

教研课改篇

研学旅行篇

我说宜章红故事

春花秋实篇

学习成长篇

学习促我成长

我来自一个贫穷的小乡村，中考那年因为父亲病重而债台高筑，我不得已报考了师范，为的是早点跳出农门减轻家里的负担。中专毕业后，我一边工作一边参加自学考试，拿到了历史专科文凭；接着参加成人高考脱产进修，拿到了湖南教育学院历史专业的本科文凭，还参加选调考入了县重点初中。这一步一步的进步，靠的是自己不断钻研、不断学习。

在乡镇中学，我是一个工作努力、有追求的青年教师，教学水平自我感觉不错，上课也在当地小有名气。可当我走上县重点初中的讲台时，才感到了自己的不足与压力，因为我接的是学校一位最好的历史老师的课，学生明显不欢迎我。正当我一筹莫展之际，学校为全面提高青年教师素质，开展了“师徒结对活动”。我是其中的徒弟之一，我的老师是毕业于湖南师范大学历史系的邝伟兰老师，而我接的也正是她的课。能拜师于这样一位德才兼备、学识渊博的老师是我的幸运。一段时间的跟班学习，收获颇多，说出来与大家共勉。

一、学习要有目的

“学然后知不足，教然后知困。”对于这次“师徒结对活动”，我非常珍惜，主动求学，不走过场。我经常有目的、有重点、有选择地听邝老师的课。在听课的时候，不光听她上课的形式结构，更重要的是领悟她那堂课的内在精华，做到带着具体问题学习，力求一学一得。教书是一门艺术，里面的内涵博大精深，光有大学里学到的专业知识远远不够，在社会实践中需要的是把知识运用出来，具体到当老师是如何用最深入浅出、通俗易懂的方式让学生掌握知识、明白道理。在工作实践中的学习应该是干什么，学什么；缺什么，补什么；不走过场，不为了应付检查，才会有收获。

二、学习要有比较

“教无定法”，听了师傅的课，不等于你就学到了她的方法，更不等于你接着去上课就把她刚才的课又重复一遍。况且，教书育人各人有各人的特色，偶尔模仿一下或许能暂时奏效，时间长了，各人的风格、功底不同，重复模仿只会是东施效颦。因此，做徒弟的应该先仔细钻研教材，把要听的课认真准备好。自己心中已经有了一个规划，哪里应该怎么讲，哪里应该怎么过渡等，这时再去听师傅上的同一堂课，边听边做比较：师傅的方案哪些与自己的设计不同，这样设计好在哪里，自己的方案哪些地方可行，哪些地方有待改进，等等。在观摩学习中，有备而来，主要揣摩师傅的风格，并与自己做比较。一比，就会发现问题，一比才会比出效果。

三、学习无处不在

古代早就有“一字之师”的故事。其实学习无处不在、无时不有。学习不要局限于哪一个师傅，更不要受年龄、专业、时间、地点的限制。

刚接触电脑时，我很爱问，几乎是见一个人就问一个人，几乎人人都当过我的老师，人人都帮助过我。正是这样，不到一周时间，我就学会了幻灯片制作，电脑操作大有长进。

社会在进步，需要多才多艺的老师。现在强调设置综合课程，更是需要不仅精通专业知识，而且知道一些边缘学科知识的老师。在学习中，我从不受限制于哪一个老师，而是有“疑”就“问”，有“得”就“记”。向地理老师可以探讨史地结合，向政治老师学习可以提高自身心理素质，增强法制观念，政史结合等。有些知识甚至来自学生，来自在工地做事的工人，来自老一辈革命家……正如大教育家孔子所说：“三人行，必有我师焉。择其善者而从之，其不善者而改之。”

四、学习贵在有恒

墨子说：“志不强者智不达。”学习贵在自觉，重在坚持。

我们每天都在教育学生或孩子如何学习，其实这些要求对自己更应该试试。一来可以看看是否符合实际，二来可以为孩子做出表率。试想，我们在教育学生“学如逆水行舟不进则退”时，自己是否在“不进则退”；我们在教育孩子“学习切忌一曝十寒”时，自己是否有这种现象。学习了更多的知识，就是积聚了更多的力量，就能更好地服务于社会，更大程度实现人生的价值。

以前宜章一中办公室有个谢主任，虽然年逾半百，很多文章却是自己打印，而且速度比较快。如果你光看到他键盘上灵活的手指，绝对不会想到他是临近退休的年龄。而且他虽然事业有成、桃李满天下，却从未放松过学习，每天坚持看书、看报，收集整理对老师教学有用的第一手“剪报”。我觉得他就是我们学习的楷模。

我大学的一位老师曾经告诫过我：“记住，要不停地学习！你们可还年轻哪！我都计划退休后，每天坚持学 10 个英语单词，两年下来就积累到了6000 个的数量。基本词汇量也就这个数。我 60 岁退休，到 63 岁就能跟远在美国的小孙子对话了。”前不久打电话一问，果真如此。我的英语水平已经比不上他了。

著名教师王企贤说过：“教师这个工作跟别的工作不一样。教师不是一种职业，而是一种事业。职业嘛，可以合则留，不合则去。当教师不行，你没有一种远大的理想，没有把一生的精力都搁到教育、教学中去的决心，而是追求名利，见异思迁，就当不了一名好教师。”当教师就要当一名好教师，要当一名好教师，就要终身不断学习。只有你学识渊博、教法得当了，工作起来才会如“庖丁解牛，游刃有余”。

如今，我已经工作了 30 年，由一名乡镇中学普通老师，到县重点初中市级骨干教师；从只能参加片级教学比武，到多次拿省级大奖；从原来的“徒弟”，到县级教师培训团队培训师、学校教研室主任……这一路走来，学习贯穿着我教学工作的始终。感谢所有帮助过我、指引我前行的恩师、领导，也感谢我一直以来的坚持与努力。我珍惜每一次学习的机会，我不放过每一次成长的经历，不论是外出学习还是网上学习，我都力求学有所思、学有所获。一次次的学习拓宽了我的知识面，也提升了我的工作能力；一次次的学习扩大了我的人生格局，实现了一次次的飞跃。我还要不停地学习，像著名教育家张桂梅那样：让孩子们远方有灯、脚下有路、眼前有光，把自己活成一束光，照亮孩子们前进的路。

荣誉证书

同志：

您在参加“国培计划”

培训中，表现突出，被评为优秀学员。

特发此证，以资鼓励。

湖南省教育厅监制

跨世纪园丁工程

郴州市中小学骨干教师

荣誉证书

郴州市教育局印制

勇敢地做课改的践行者

尊敬的各位领导、各位同仁：

大家好！

衷心感谢各位领导来我校指导工作！

大家一听我说话就知道我嗓子不好。没办法，这都是职业病闹的。为此，我挨过教育局彭局长的批评。彭局长说："你把课上成'百家讲坛'式的，能不嗓子哑吗？你自己讲得精彩，不如让学生学得投入。你要想办法让学生把嗓子说哑了，就算是课改了。要学会解放自己，向课改要质量。"他的一番话时刻鞭策着我。所以，我今天要跟大家讲的主题是——勇敢地做课改的践行者。

我们七年级历史备课组老师的平均年龄达 40 多岁，现在最年轻的陈雪梅老师因为优秀被九年级挖走了，只剩下我跟李莉梅两个老师。我们共同承担着 12 个班 808 个学生的历史教学，如何课改、实现高效成了我们面临的一大课题。我们的努力是：

一、进一步加强学习，转变教学理念

著名教育家苏霍姆林斯基说过："只有当教师的知识视野比教学大纲宽广得无可相比的时候，教师才能成为教育过程的真正的能手、艺术家和诗人。"借学校开展"建设学习型党组织，打造书香校园"之机，我们积极认真地参加各种学习。学习的方式很多，可以向同伴学、向书本学、向网络学、向专家学者学，等等。我们开展了读《给教师的建议》等读书活动；学习了新课标，开展了"教学质量要提高，我们怎么办"等大讨论活动；先后参加了国家、省、市、县、校级的各种培训。学校也开设了

"校长论坛"，定期举办"思想沙龙"，校长与教师们分享读书心得，交流对新课改的思考，丰富其内涵，拓展其空间。校长的引领，激发了教师的学习热情，兴起了师生学习的浪潮，为新课改的实施注入了新的活力。习近平总书记说得好："选择了学习，就选择了进步。"在学习中，我们开阔了视野，更新了知识，转变了教学理念。有了正确的教学理念作指导，我们将更多的时间花在了课前准备上。我们进一步明晰了自己要教什么，大胆地践行着欧校长提出的"六步教学法"，实现了老师少教、学生多学的目标。

二、集体备课，团队作战

我校非常注重团队建设，以教研组、备课组为单位的团队协同作战就是其中之一。学校规定每周二、周三下午第七节课分别为文科组和理科组教研活动时间。根据本组教师教学班较广，历史知识跨学科知识多的特点，同组老师甚至跨学科老师经常进行教学研讨。既研讨学生、学情及学法指导，也研讨教材、课标及教学策略，经常性地相互深入班级听课，相互学习，取长补短。老教师多出主意，年轻教师虚心好学勤于实践，在研讨中达到互相学习共同进步的目的。在去年上期九年级升学考试中，我们组教师研读考标，精心编写了一套复习资料，将10本书的考试内容浓缩在了4张半试卷中，在没有增加课时增添学生负担的情况下实现了高效复习，得到了上级的表彰。去年下期，我们又编写了《七年级历史上册知识章章清》，将一本书的内容概括在了一张半试卷上，作为期末复习资料得到了家长的好评。本期，我们已经编写好了《七年级下册历史导学案》，将每篇课文用一页A4纸的导学案解决，实现了上课"教"与"学"的统一，为减轻学生负担、打造高效课堂奠定了基础。

三、大胆放手，让学生互助提高

不知道大家发现了一个奇怪的现象没有，有不少初中政治、历史拿A甚至考100分的同学，上高中后选学文科，结果越学越差。究其原因，我个人认为是这部分同学所学的知识不成体系，只是机械地根据老师所抓知识死记硬背了一些知识点，这种学习应付中考尚可，面对高考，会因为理解能力、分析能力、灵活运用历史知识的能力欠缺败阵下来。在历史教学中，教给学生历史知识只是第一步，要努力培养学生的学科能力，这对学生一生都具有长远的意义。如何培养学生的学科能力？最直接的办法就是要在教师可控范围内尽量放手。比如回答一道问题，学生回答可能只能得 30 分，你不满意，包办代替告诉他答案了，当时的效果可以打 90 分。但请大家注意，这 90 分，永远是老师的 90 分，学生仍然是 30 分。如果，你放手让学生去探究，只是在方法上多指导一下，这一次可能只是 30 分，下一次就有可能是 60 分，再下一次，可能就是 95 分，甚至比你做得更好。所以，老师要学习聪明地示弱，把机会让给学生，并及时鼓励肯定学生。传授的知识总是有限的，教给了方法培养了学习能力才是终身受用无穷的。

我们一个老师要管 400 多个学生，工作量相当大，根本实现不了知识堂堂清、周周清。怎么办呢？最有效的办法就是大胆放手，让学生互助提高。其中最核心的措施就是建立学习小组，开展小组合作探究式学习，实现“官教兵——兵教兵”式的管理。我校各班主任都根据学习情况按座位以 4 至 6 个人为单位划分了学习小组。每个学习小组由好、中、差三类学生搭配，各组长由小组成员选定，每组都有自己的不同的学科代表。有的同学其他学科学不好，当个历史小组长也觉得很不错，在学习历史中找到了自信，促进了其他学科的学习。老师想方设法培养好课代表和小组长，这样无形中多了很多小帮手，这些小帮手又变成了学困生的小老师，在师生互动、生生互动探究中，实现了学生的自我管理、自我提升，在以人为本的课改理念中，实现了学生“学会学习、学会创新、学会合作、学会负责”。只有在一次次的实践、思考中，学生才能不断长大、独立，然后超越老师。长江后浪推前浪，我常常很幸福地被学生拍死在沙滩上。

以上就是我校的一些做法，还不太成熟，恳请领导同仁给我们提出更多的妙招。谢谢大家！

（此文写于 2013 年）

顺势而为，做智慧教育的引领者

——参加2020年11月国培（c118）培训有感

金秋时节，我有幸追随教育信息化的脚步，参加了在湖南师范大学举办的国培计划宜章县信息化未来教育引领团队研修（c118），受益匪浅。

一、更新理念，加强学习

老师是传道、授业、解惑者，老师首先要带头学习，否则就会跟不上形势，成为卖死鱼的鱼贩子。

1. 要学习新课改理念。现在是一个靠技术生存的年代。原有的知识理念不及时更新，就会被时代淘汰。先要摒弃因循守旧的思想，要活到老学到老，从理念上更新，让自己多到一线城市、一线青年骨干教师、一线前沿学者中去学习、淘金。

2. 要学习新的信息技术。是技术创造了人和人类社会，有技术的人才有地位、有发展空间。作为教师，要成为信息技术2.0时代的引领者、实践者。

3. 要学文化。要博览群书做“π”型人才，让自己的知识厚积薄发，让自己的教学有无限的拓展和发展，让自己的学生受到能让他终身成长的良好的影响。教师要成为学生自主学习的指导者。教师要有深厚的文化底蕴，有人格魅力，让学生愿意追随自己前行。

二、潜心研究，深度融合

1. 要研究PPT制作技巧。教师的信息素养是推进教育信息化的重要保证。比如在制作PPT时，注意提取内容，分类准确，排列整齐、美观，简约文字，色彩对比恰到好处，等等。

2. 要研究学科文化。每一门学科的后面都有它的核心学科素养。精心备课，让每一节课都上升到分析问题、归纳问题、解决问题、评判问题的高层次，让自己的上课、评课、组织研讨的水准都上升到一个更高的层次。

3. 要研究学科教学与信息技术的深度融合。如何取材，如何恰如其分地与信息技术深度融合，哪怕每周能够认真做好一个高质量的课件，也是一种提高和进步。

三、学以致用，示范引领

作为学校派出来参加学习的代表，我要起到一个引领、示范作用，学习之后好好地把所学、所思、所想渗透到工作中去。一是在学科教学中带头提高学科教学艺术，带头搞好学科教学与信息技术的深度融合。二是在学校课改中带头示范，搞好相关的课题研究，为学校的发展和学生的成才尽自己的所能。三是在片区中起到引领示范作用，让一方百姓受益于智慧课堂与智慧教育。

学习马上就要结束了，我还意犹未尽。未来，我要好好学习，做智能教育风向的观察者、深思者、学习者、践行者，顺势而为，做智慧教育的引领者。

做一名快乐而幸福的历史好老师

说句实在话，有段时间我的工作真的有点找不着北：所教的历史科目是副科，家长、学生都不重视，就连算工作量都不如主科那样乘以一点三；上课绝对是排到第 4 节、第 7 节之类；大多数学生不愿意背诵相关的知识，不少学生不听话，跟他软硬兼施就是油盐不进；一上至少是 5 个班的课，400 多名学生改起作业来累得你够呛……说实在的，工作 20 多年了，近年来，学生越来越难教，这种心累的感觉越来越严重。我常常说，晚自习坐班，我不要报酬都可以，就是不愿看到学生在那里不学习，还说不得，劝不听。

怎么办？还是要加强学习，应对信息化时代的潮流，再不学习，还用老一套的办法就不奏效了。

这段时间认真学习了“德艺双馨”班的相关课程，并且在实践中加以运用，我努力让自己成为一名快乐而幸福的历史好老师。我的做法是：

一、每天一进办公室就把新教师入职誓词朗读一遍：“我立志做一名光荣的人民教师。我的肩上扛着民族的希望，我的心中装着祖国的未来，我的手中捧着孩子们的明天……”这个誓词让我胸怀祖国，心忧天下，以天下为己任，再也不会为眼前的琐事所烦忧。

二、改进教学方法，注重创新思维。这段时间学校让我培养学生的核心素养，我在教学中注意培养学生的研究性学习能力，我自己也在探索进取中不断享受着创新带给我成功的快乐。

三、增强自我调节心态的能力。心态决定命运，好的心态带人走向成功，坏的心态使人走向毁灭。首先，每次接到教学任务，我都主动把任务当成是自己学习和成长的途径。其次，每天用发展的眼光看待学生，用放大镜找学生的优点，把抱怨化解为自己前进的动力。每次学生犯错我都会换位思考，想想自己的孩子还有不听话的时候，更何况“叛逆”也是一种成长的表现。我站在学生的角度去想问题，也就给了他们更多的成长的时间和自己冷静反思的机会，再也不会那么性急了。

四、加强“修炼”自己。要修炼自己的声音，让它悦耳动听；修炼自己的语言，让它幽默风趣；修炼自己的眼睛，让它传神丰富；修炼自己的表情，让它神采飞扬；修炼自己的行为，让它示范引领；修炼自己的学识，让它才高八斗；修炼自己的脾气，让它人见人爱；修炼自己的个性，让它阳光向上；修炼自己的气质，让它女神风范；修炼自己的心灵，让它弃恶扬善；修炼自己的灵魂，让它崇高圣洁；修炼自己的人生，让它阳光幸福。我修炼，我快乐，我专注，我专业。

总之，自己多跟学生展示阳光、积极进取的一面，同时也多看到他们阳光、向善的一面，最后双方都在释放着阳光、快乐、爱心、理解中生活、学习，这样，做一名快乐而幸福的历史好老师是不难的。

做“德艺双馨”的好老师研修计划

为了能让本次培训学习有实效，让自己成为“德艺双馨”好教师，特制订本学习计划。

一、指导思想

1. 勤学习，按研修要求，尽早保质保量完成各项研修任务。

2. 讲求实效，学以致用。

二、研修目标

1. 学习习主席的讲话精神，振奋教书育人的精气神。

2. 学习专家学者的讲课，争当科研型教师。

3. 学以致用，在工作中落实“德艺双馨”，做“四有”老师。

三、具体措施

1. 每天定时利用课余时间加强业务学习，做到记笔记，有反思和心得体会，有观课随笔，并完成课后作业。

2. 对不懂的地方，回放相关视频、课件，并参与小组的讨论、交流。

3. 认真参加每次的面训，实地观课，评课。

4. 学以致用，将“德”落实到育人中，将“艺”落实到教学中。

总之，我一定认真参培，把自己的教育教学工作做得更好，真正成为一名德艺双馨的好老师。

“做新时代党和人民满意的好老师”网络研修计划

今年春季报名参加了“做新时代党和人民满意的好老师”网络研修培训，我的研修计划是：认真学习，记好笔记，并且在实践中加以运用，我努力让自己成为一名幸福快乐也让党和人民满意的好老师。具体做法是：

一、每天一进办公室就打开电脑开展网络研修，把必修课程先尽快学习完。

二、在听课学习的过程中，不走过场，认真记录，并且对经典案例录音，反复听讲、观摩，并且写好观课随笔。

三、老师布置的作业在5月份提前完成，这样可以有更多的时间用来修改、打磨，争取作业变成优秀科研论文去投稿或者参与论文评比、发表。

四、在学习过程中，知行合一，边研修边实践，实践出真知。

五、在繁忙的工作中，合理安排好学习时间，学会利用零散时间，学会看课程简介和相关文章提升自己。

六、跟年轻教师学习，下载有关网络资源，并且带头把研修做好，争当“优秀学员”。

七、每天朗读一遍誓词：“我立志做一名光荣的人民教师。我的肩上扛着民族的希望，我的心中装着祖国的未来，我的手中捧着孩子们的明天……”让自己胸怀祖国，心忧天下，以天下为己任，再也不会为眼前的琐事所烦忧。

八、改进教学方法，注重创新思维。

九、增强自我调节心态的能力。首先，每次接到教学任务，我都主动把任务当成是自己学习和成长的途径。其次，每天用发展的眼光看待学生，用放大镜找学生的优点，把抱怨化解为自己前进的动力。每次学生犯错我都会换位思考，想想自己的孩子还有不听话的时候，更何况“叛逆”也是一种成长的表现。我站在学生的角度去想问题，也就给了他们更多的成长的时间和自己冷静反思的机会，再也不会那么性急了。

十、加强“修炼”自己。要修炼自己的声音，让它悦耳动听；修炼自己的语言，让它幽默风趣；修炼自己的眼睛，让它传神丰富；修炼自己的表情，让它神采飞扬；修炼自己的行为，让它示范引领；修炼自己的学识，让它才高八斗；修炼自己的脾气，让它人见人爱；修炼自己的个性，让它阳光向上；修炼自己的气质，让它女神风范；修炼自己的心灵，让它弃恶扬善；修炼自己的灵魂，让它崇高圣洁；修炼自己的人生，让它阳光幸福。我修炼，我快乐，我专注，我专业。

我想，通过上述行动，“做新时代党和人民满意的好老师”不难，自己也可以成为幸福的“四有”好教师。

（2021 年 4 月 2 日）

做一名幸福的课改践行者、引领者

——参加县中小学教研教改研究能力提升培训有感

2020年6月19日至21日，我有幸参加了宜章县2020年中小学教研教改研究能力提升培训，收获颇多：

一、作为学校教研室主任，应该起到引领示范作用，勇敢地做课改的践行者

1. 要带头学习，营造浓厚的学习氛围，打造以教研组、年级组、班级任课教师组为团体的一个个学习型共同体。

2. 所有的工作要抓好落实和评价，重在行动、行动、再行动，坚持、坚持、再坚持。

3. 校本研训要注意及时反思提升，在反思中成长，在提升中实践，一定要找到基于自己学校校情的最佳校本研训之路。

二、实现教学、研究、培训一体化的校本研训模式和范本

1. 让老师更新观念，不要把研训与教学脱节和对立起来。

2. 立足于新课程实际，开展“学课程、写随笔——提问题，解困惑——进课堂，听、评课——接沙龙，做研讨——开讲座、促提升”的校本研训活动。

三、抓实校本研训的常规工作

1. 带头上好示范课，引领一批学科专家上好示范课。

2. 形成研究意识，让研究常态化，写随笔和反思即兴化，落实捆绑机制，抓好青蓝结对。

3. 巧妙利用一些活动和时间节点开展好短平快的高效研训，比如例会，或者承办县教育局的某些活动时，或者教学开放日活动，或者送教下乡校际交流活动，突出一个中心主题，可以时间不长，但以突出针对性、实效性为主。

4. 坚持利用课余时间加强业务学习，做到有学习笔记，有反思和心得，有观课随笔，并开展“校本研修工作手册”的评比活动，营造浓厚的学习科研氛围。

总之，我一定把学到的理念渗透到工作中去，实现科研兴教、科研强校，做一名幸福的课改践行者、引领者。

努力做党和人民满意的好老师

——学习《湖南省师德师风教育读本》心得体会

9月12日上午，我有幸聆听了郴州市中小学师德教育巡讲团三位老师的讲座，分别是朱细芬老师的《我和一片小的红色文化故事》、李玲英老师的《承诺》、田万福老师的《最美的师生情》。下午认真聆听了湖南省中小学教师发展中心副主任左梦飞的讲座《立德树人，以心育心》。在一天的学习中我最感动的是，他们爱岗敬业的精神和孜孜不倦做大写的中国教师的自己。学习之后，我想就师德师风同大家做个交流和表态。

第一，要补足精神之钙——坚定理想信念。

正确的理想信念是教书育人、播种未来的指路明灯。一个没有正确理想信念的人不能够成为好老师。我的心中时刻要装有国家和民族，时刻要肩负国家使命和社会责任。我的工作是为人民服务，党和人民需要培养的是社会主义事业建设者和接班人。我的思想和工作始终要同党和人民站在一起，自觉做中国特色社会主义的坚定信仰者和忠实实践者，忠诚于党和人民的教育事业，自觉把党的教育方针贯彻到教学管理工作全过程，严肃认真对待自己的本职工作。要通过“学习强国”“红星云”“林邑清风”等平台，加强中国特色社会主义理论体系的学习，加深对中国特色社会主义的思想认同、理论认同、情感认同，不断增强“四个自信”，积极通过课程中典型的素材引导学生热爱祖国、热爱人民、热爱中国共产党，把课程思政融合到平常的教学中。在工作中做中国特色社会主义共同理想和中华民族伟大复兴中国梦的积极传播者，自己带头筑梦、追梦、圆梦，进而帮助学生筑梦、追梦、圆梦，让一代又一代年轻人都成为实现我们民族梦想的正能量。我要用好课堂和校园阵地，用自己教学教研活动的行动践行社会主义核心价值观，用自己的学识、阅历、经验点燃学生对真善美的向往，使社会主义核心价值观润物细无声地浸润学生们的心田，转化为日常行为，增强学生的价值判断能力、价值选择能力、价值塑造能力，引领学生健康成长。

第二，要修炼言行之范——规范道德情操。

老师对学生的影响，离不开老师的学识和能力，更离不开老师为人处世、于国于民、于公于私所持的价值观。作为老师，在是非、曲直、善恶、义利、得失等方面要起到立标杆的作用，规范自己的言行举止，做学生言行的表率，做道德的合格者，做以德施教、以德立身的楷模。在工作和生活中率先垂范、以身作则，引导和帮助学生把握好人生方向，特别是引导和帮助青少年学生扣好人生的第一粒扣子。在工作和生活中，取法乎上、见贤思齐，不断提高道德修养，提升人格品质，并把正确的道德观传授给学生。师德是深厚的知识修养和文化品位的体现。师德需要教育培养，更需要老师自我修养。要做一个高尚的人、纯粹的人、脱离了低级趣味的人，应该是我的不懈追求和行为常态。要有“捧着一颗心来，不带半根草去”的奉献精神，自觉坚守精神家园、坚守人格底线，带头弘扬社会主义道德和中华传统美德，以自己的模范行为影响和带动学生。

工作上，我要干一行爱一行，执着于教书育人。把工作当成自己的一份事业来做，要在老师这个岗位上干得有滋有味，干出好成绩。要远离金钱、物欲、名利，要有“衣带渐宽终不悔，为伊消得人憔悴”的精神，兢兢业业做好本职工作。

第三，用智慧武装头脑——拥有扎实学识。

老师自古就被称为“智者”。扎实的知识功底、过硬的教学能力、勤勉的教学态度、科学的教学方法是老师的基本素质，其中知识是根本基础。“水之积也不厚，则其负大舟也无力。”知识储备不足、视野不够，教学中必然捉襟见肘，更谈不上游刃有余。

国外有教育家说过：“为了使学生获得一点知识的亮光，教师应吸进整个光的海洋。”在信息时代做好老师，自己所知道的必须大大超过要教给学生的范围，不仅要有胜任教学的专业知识，还要有广博的通用知识和宽阔的胸怀视野。好老师还应该是智慧型的老师，具备学习、处世、生活、育人的智慧，既授人以鱼，又授人以渔，还激人以欲，能够在各个方面给学生以帮助和指导。

我要始终处于学习状态，站在知识发展前沿，既要学习信息技术 2.0，争取考核优秀；又要练习普通话及语言表达能力，争取考一个二级甲等；还要刻苦钻研新课程理念，严谨笃学，不断充实、拓展、提高自己。过去讲，要给学生一碗水，教师要有一桶水，现在看，这个要求已经不够了，应该是要有一潭水，而且是一潭活水。

第四，要怀揣一颗丹心——仁爱之心。

教育是一门“仁而爱人”的事业，爱是教育的灵魂，没有爱就没有教育。要争当仁师，没有爱心的人不可能成为好老师。高尔基说：“谁爱孩子，孩子就爱谁。只有爱孩子的人，他才可以教育孩子。”爱是教育永恒的主题。老师的爱，体现在爱岗位、爱学生，也包括爱一切美好的事物。要练就慈爱、友善、温情、透着智慧、透着爱的眼神；要对学生充满爱心和信任地教育和引导；要在严爱相济的前提下对学生晓之以理、动之以情，要让学生“亲近自己”“喜欢、信任自己”。要用爱培育爱、激发爱、传播爱，通过自己的真情、真心、真诚拉近师生的距离，滋润学生的心田，使自己成为学生的好朋友和贴心人。要善于把自己的温暖和情感倾注到每一个学生身上，用欣赏增强学生的信心，用信任树立学生的自尊，让每一个学生都健康成长，让每一个学生都享受成功的喜悦。既然选择当老师就选择了责任，就要尽到教书育人、立德树人的责任，并把这种责任体现到平凡、普通、细微的教学管理之中。

怎么爱教育、爱学生？

要准备用一辈子备一堂课，用一辈子在三尺讲台默默奉献；在学生遇到危难时要挺身而出，要有敢于攻克新知新学的锐气；要具有尊重学生、理解学生、宽容学生的品质。要让每一个孩子都受到尊重、得到理解、得到宽容。要懂得既尊重学生，使学生充满自信、昂首挺胸，又通过尊重学生的言传身教教育学生尊重他人。我面对的是一个个性格、爱好、脾气秉性、兴趣特长、家庭情况、学习状况不一的学生，必须精心加以引导和因材施教，不能因为有的学生不讨自己喜欢、不和自己胃口就冷淡、排斥，更不能把学生分为三六九等。对“后进生”“问题学生”，更应该多一些理解和帮助。我要平等对待每一个学生，尊重学生的个性，理解学生的情感，包容学生的缺点和不足，善于发现每一个学生的长处和闪光点，让每一个孩子都健康茁壮成长。

“三寸粉笔，三尺讲台系国运；一颗丹心，一生秉烛铸民魂。”我非常荣幸自己是打造这支中华民族“梦之队”的筑梦人。今后我要把自己全部精力和满腔真情献给教育事业，在教书育人的工作中不断超越自我，争创佳绩，努力做党和人民满意的好老师，努力做新时代的名优教师。

学习党的十九大　做践行的领头羊

盛世逢盛会，中国共产党第十九次全国代表大会在北京发出党的最强音：中国共产党人的初心和使命，就是为中国人民谋幸福，为中华民族谋复兴。这个初心和使命是激励我不断前进的根本动力，应该让它成为一种信念、一种自觉、一种精神，引领自己在工作岗位上不断进取，不断前进。

第一，要“实干”。习近平总书记反复强调“实干”，这是因为在实干中才能实现愿望，实干才能把握机遇，实干才能破解难题。作为教师，首先要在工作中认真履职，在家长和学生面前做实干的表率，将事情一件一件地落实完成，务实谋事、踏实干事、扎实成事，努力成为坚定的实干派，当好工作的实干家。

第二，要“敢于担当”。能否敢于担当，是检验我们共产党员政治品格和党性觉悟的“试金石”，是衡量党员胸怀、勇气、格调的具体标准。身为教师，要有甘于付出、甘于奉献的胸怀，始终以党的教育事业为重，以人民的利益为重，始终站在党和人民立场上看待个人得失，勇于承担责任，在工作中认真履行自己的职责，不拖延、不懈怠。

第三，要有“工匠精神”。“工匠精神”，首要是坚定信仰、坚守品位、敢做第一，特质是耐心专注、保持定力、富有韧性，核心是精雕细刻、精益求精、追求完美。教书育人中要精益求精，教学活动中要按照人人参与、人人尽力、人人共享的要求，真正践行不落下一个的宗旨，不断增进学生素质、促进教育公平正义，让人民群众有更多获得感、幸福感。

责任催人奋进，实干成就辉煌，党的十九大精神催我奋进。我永远牢记自己作为一名人民教师的使命，学高为师，身正为范，做践行党的十九大精神的领头羊。

我的“学习强国”之梦

最开始接触“学习强国”，是2017年说党员要下载安装一个“学习强国”APP，当时没有多想也没有细看，就当是政治任务下载激活了。后面又听说要每天登录学习，我还是只当成一个政治任务，还愿似的登录。

一次偶然的机会，2019年11月份碰到一个当时学习积分达到1万多分的学习达人，改变了我的看法。这个达人是一个校长，因为我看过他的文章，很有见解，我忽然一下子对他肃然起敬，再一想他学习积分那么高，肯定有绝招。他耐心地告诉我登陆“学习强国”APP后，点击上角的“我的”，再进入“学习积分”，按照“积分规则”每天一项一项逐一完成即可。我开始每天认真地参与学习，每天看看自己“学习积分”和“学习报表”，很有成就感。慢慢地，我发现这里的内容非常高大上，习主席的讲话既高屋建瓴又言简意赅，而且很接地气，很切实可行，这里的文章我随时想读一读给学生听听，让他们了解一下国家大事，而且我觉得这里的讲话和发言就是最好的范文。我养成了一种习惯，每天起床开机第一件事就是登录“学习强国”，一边洗漱，一边听里面的要闻，每天把那一项一项的任务完成后，看到那一条一条的红线和每一项后面的“已完成”，心里非常舒坦。

真正让我爱上“学习强国”是寒假疫情期间，我无意中往后面翻看，才发现“学习强国”简直就是一部百科全书，里面的内容包括“推荐”“要闻”“新思想”“综合”“直播中国”“快闪”“发布”等35项之多。尤其是“教育”里面有好多慕课，既有中小学生的，也有清华、北大等名校“长江学者”的讲课，让我爱不释手，恨不得一下子把它推荐给我身边所有的人，包括我的学生和家长。在这里可以跟大师零距离接触和学习，听不懂的可以反复听，记不了笔记时可以按暂停慢慢记录慢慢揣摩。“体育”上面也有好多“全民健身”的内容，都是些奥运会冠军、世界级大师在跟您亲自授课，真是居家锻炼两不误，健身娱乐一家亲。我每天自娱自乐，乐在其中。

怎么样，您还不赶快登录“学习强国”试试？全民“学习”肯定“强国”，让我们每天在“学习”中幸福着、梦想着，强国之梦指日可待。

我的专业发展规划（2021~2023 年）

今天，我认真写下三年（2021~2023 年）教育工作发展的规划，确实该好好思考一下自己了。

一、自我分析

我从事教育工作已有 29 个年头了，29 年来我一直担任历史教学工作，还兼任过班主任，还身兼过教研室副主任和历史教研组长的职务。现在是 1913 班班主任和九中教研室主任。身兼多种职务，更需要好好规划一下自己的职业生涯。

（一）个人优势分析

1. 已初步养成在实践中思考的习惯，有一定的反思能力。

2. 工作认真踏实，积累了一定的教学经验，课堂教学能力较强。

3. 具备较强的专业知识和心理学知识。

4. 懂得尊重学生，对学生有足够的耐心，善于与学生沟通。

5. 积极尝试新的与家长交流的方式，善于和家长交流、沟通。

（二）个人不足剖析

1. 在承担教研室工作时与领导和老师主动沟通少。

2. 工作措施具体，但很多行之有效的尝试坚持不够。

3. 心理学知识未达到精通的程度。

4. 当多项工作同一时间砸向我的时候，没有条理性。

针对以上个人情况制订以下三年发展规划：

二、三年自我发展规划

（一）强化职业角色意识

随着教龄的增长，不能让职业倦怠影响到我，要常常告诉自己，努力成为一名“乐”教者，真正地记住自己的初心，做到不忘初心，砥砺前行，在工作中体会快乐。

（二）提升专业水平

教师的成长除了各种培训，还有一种最主要的成长途径——阅读。要找到人生的挚友——图书。“三日不读书面目可憎也”，有事没事多读书，认真读，做研究型、专家型教师和学者。

1. 学习教育理论，在理性中丰富自我。三年内认真读以下必读书目：《终身成长》《苏霍姆林斯基选集》《做最好的班主任》《逆商》《不管教的勇气》《王阳明心学》等。在学习中提高自己的业务能力。切实将所学理论与学生的实际结合起来，不做书呆子式的老师。

2. 悉心钻研教材，深入领会高考考纲、课程标准，设计新颖有效的教学方案，做到心中有学生，因材施教，立足每个孩子的发展。

3. 平时注重总结教学经验，及时做到教后反思，勤于与同事交流，在实践中摸索，在教学中不断完善自己。养成认真记录和反思教学过程的习惯。

4. 积极进行教学研究，更新教学观念，大胆实践，勇于创新。以心理健康教育课为突破口，大胆实践新的形式。要努力尝试将各种活动、视频、图片等融入教学中，勇于创新，任重道远。

（三）提高个人管理学生的能力

做好自己的本职工作，教好书，当好老师。认真研究学生的实际情况，成为让学生满意的老师。以爱换爱，研究初中学生的心理状态，管好学生的常规，组织好学生参加学校各项集体活动，成为一名敬业优秀的老师。

（四）力争通过三年的努力，跻身于省级骨干教师的行列，成为市级教师培训团队成员

三、具体目标

1. 坚持记教育教学周记，养成及时反思和勤于积累的习惯。

2. 努力改进教学形式，提高教学质量，千方百计激发学生的学习兴趣，使他们“愿学”“乐学”。

3. 结合学校课改示范校建设的要求，重视教研组工作，认真组织好每一次教研活动，把提高每一个教师的教学能力，落实到每一次集体备课和研讨活动中。

4. 积极参加各级各类培训，把自己的教学理解和教学经验与同仁交流分享。

5. 努力学习心理咨询理论，三年内开始积极尝试心理咨询。

6. 认真上好每一次公开课，认真撰写每一份教案。

7. 积极参加各级赛课，并力争取得好成绩。

8. 每期撰写一篇优秀教学论文，精心设计每一个教学案例。

9. 积极尝试开展学生、家长、学校教师不同层面的讲座，在运用知识中不断提升自我。

10. 进一步增强课堂教学效果。

11. 不断阅读，提升自我各方面的素养。

在今后的教学工作和生活中，我会以高标准严格要求自己，不断提高充实自我，踏实勤恳地走好每一步。争取在收获的季节，有着属于自己的丰硕成果。

路漫漫其修远兮　吾将上下而求索

——2012 年义务教育骨干教师远程培训小结

我已经从教 20 年，在单位口碑不错，职称已经评上中学副高级教师，我知足而有点飘飘然，有时甚至有偷懒的想法。但我参加了义务教育骨干教师远程培训后，对教师工作的重要性有了更深层次的认识，对如何教学有了更多的反思，当一名优秀的老师可谓“路漫漫其修远兮，吾将上下而求索”。

这次培训最大的收获是：更新了教育观念，在精神上接受了一次大的洗礼，在知识领域注入了新鲜的血液。

听了专家教授关于十年课程改革的成就与回顾，也使我更进一步明白了走进新课程的教师不再是充当“传道、授业、解惑”的单一角色，而更多扮演“组织者”“指导者”“促进者”“研究者”“开发者”“协作者”“参与者”“学习者”等多元角色。为不断提升自己的能力，以适应新课程理念下的教育教学活动，我们教师应自觉成为教学的研究者、终身的学习者、教学实践的反思者。一些优秀课例的观摩与评析，尤其是对新的世界历史的分期，以及专家对如何落实新课标的指教，让我受益匪浅。我发现了自身视野之局限，犹如井底之蛙。我随即想到了自己的教育教学工作任重道远，如果教师固守陈旧僵化的理念，那将是一件多么可怕的事情。

这次培训给我提供了不出家门就能向大师学习的机会，我感觉就像站在了巨人的肩膀上一样，让自己看得更远，进步得更快。

今后的打算：每天学习、反思不间断，做学生全面发展成长的引路人。

1. 做好工作，夯实理论基础。工作中，尽职尽责，恪守制度，完成自己应该完成的各项工作。积极与其他的班主任商榷、交流。在不断地加强理论知识的同时，利用各种案例警示自己，反思自己的行为，严于律己。

2. 参加社会实践，提高修养。正确地处理师生之间、教师与家长之间的关系。在实践中不断地积累提升，锤炼自己的素质。

3. 进行自我反思。要想进步，就要不断地反思自己，反思存在的不足，深刻地了解自己，然后思考应该如何改进。我的体会是：“一个优秀的教师必定是一个常常进行自我反思的人。”实践中注重自我修炼、自我调控。

4. 奉献爱心。教师，爱心最重要。“关心学生”是真挚的师爱，是教师道德感凝聚而成的一种高尚的情感，是教育实践中一种强大的教育力量和手段。

总之，作为一名教师，要与时俱进。今后我努力做到立足课堂，跨越时空，让我的课堂成为传授知识的“百家讲坛”，指引学生前行的“不灭灯塔”，陪伴孩子成长的“开心乐园”，实现自我人生价值的“幸福阵地”。

2012年个人职业规划书

前言

莎士比亚曾说过："人生就是一部作品。谁有生活理想和实现的计划，谁就有好的情节和结尾，谁便能写得十分精彩和引人注目。"花开花落，春去春又回。踏着时光的车轮，我已经走上教坛20年。对每个人而言，职业生命是有限的，如果不进行有效的规划，势必会造成生命和时间的浪费。所以我要对自己的职业生涯进行规划，给自己的梦想插上翅膀。远大的理想总是建立在坚实的土地上的，青春短暂，从现在起，就力争主动，好好规划一下未来的路，去描绘这张生命的白纸吧。

一、个人资料

姓名：张珊丽　　性别：女

出生年月：1974年7月29日

籍贯：湖南宜章

学历：本科

座右铭：认真对待每一件事，做好每一件事。

二、自我分析

（一）个性

根据人格测试结果显示，最符合的性格类型是：主人型——热情主动地帮别人把事情做好。

非常重视与别人的关系，易觉察出他人的需要，并善于给他人实际关怀，待人友好、善解人意并有很强的责任心。看到周围的人舒适和快乐，也会感到快乐和满足，很健谈，因此非常受欢迎。

（二）自我盘点

1. 兴趣爱好：看书、听音乐、跳舞、徒步。

2. 优势：从小养成吃苦耐劳的精神，对职业抱敬业精神，做事细心，对待每一件事情都不马虎。乐于助人，勤奋刻苦。

3. 劣势：性急，有焦虑情绪。做事情缺乏胆量，不够自信，交友不广。

（三）对策

真心向同学、老师、朋友请教，及时指出自己存在的不足并有针对性地改正，把握每次机会，勇于说出自己的想法，敢于尝试。

（四）工作中的优势

能够有效地和别人协作，并且和他人建立起友好和睦的人际关系。

善于培养和帮助他人，对于别人良好的行为举止能够给予赞扬，并使他们更加发扬光大。

工作勤奋，富有责任心，认真，忠诚。

有非常强的责任意识，别人可以信任我去实现自己的诺言。

乐意遵循已制定的例行公事和工作程序。

通情达理，视角现实。

不论工作还是消遣时间，都愿意为团体尽自己的力量。

有稳定平和的心态。

有韧性，在困境中不轻易放弃。

（五）工作中的劣势

没有得到表扬和欣赏的时候可能会变得失望、泄气。

可能只关注眼前需要，而对长远利益重视不够。

难以适应新情况，在不同的工作任务之间来回切换有时会困难。

容易表现得过于敏感，逃避难堪的场合，不喜欢在紧张的气氛中工作。

会轻易把个人的喜好表露出来。

在掌握的信息和资料还不够的情况下，做决定过快，不考虑其他的选择。

容易固执己见、武断地做出决定。

对失败和没有把握的事情感到紧张和压力。

在面对较强的对手时，会感到自卑。

不敢在公众前表达自己的意见和看法。

三、未来职业生涯规划

1. 学习生活规划

着重提高自己的工作能力、交际能力、动手能力和环境适应能力，同时积极锻炼自己，得到独立解决问题的能力；适时体验兼职，积累工作经验。

2. 近10年的目标

2012~2017年：在这5年的时间里，努力学习，加强实践，争当受每一个学生欢迎的科研型教师。

2017~2022年：用5年的时间勤奋苦干，积累经验，争当市里有名的教师。

四、计划实施

1. 时间安排

①每天6：30起床，7：00吃早餐。

②每天8：00~12：10，这段时间如果没有课，除了备课、批改作业等日常工作事务外，看专业知识的书，或者阅读报纸，了解时事，扩大知识面，加强信息交流。

③中午13：00~14：00进行午睡，补充睡眠，好有精神准备下午的学习和工作。

④下午14：00开始去上课。

⑤每天下午14：30~18：00，该时间段不用上课时，就上网学习，或者找学生谈话。

⑥晚上 19：00~20：30，下班辅导。

⑦每晚 22：30 后，要进行睡觉，补充体力和精神，为第二天的学习和工作做好准备。

2. 付出行动

①按照时间表进行作息。

②努力学习，勤奋刻苦，坚持按计划实行。

③积极参加班团活动、社团活动和学校的每一项活动。

④善于与同学和老师交流，积极主动做事。

⑤乐观，善于接受别人的批评，改正别人指出的缺点和不足。

⑥多看书和新闻，提高自己的综合素质，增加文学知识，扩大知识面。

结束语

水无点滴量的积累，难成大江河；人无点滴量的积累，难成大气候。没有兢兢业业的辛苦付出，哪里来甘甜欢畅的成功的喜悦；没有勤勤恳恳的刻苦钻研，哪里来震撼人心的累累硕果。只有付出，才能有收获。未来，掌握在自己手中。

爱自己　栽培自己

——参加 2013 年湖南省中小学骨干教师教育科研远程研修有感

我感触最深的一句话是洪雪芬老师的“爱自己，栽培自己”。她的这一句话让我开始认真地思考和对待自身的学习和成长问题：因为我爱自己，所以我要栽培自己，栽培自己是爱自己的一种表现，是追求幸福生活的一种行动。

事实上，对于职业、工作环境这些自己不能改变的，最好的方式不是抱怨，而是接纳；对于我们能改变的，我们需要努力去改变。我们最能够改变什么呢？最能够改变的就是自己。

爱自己第一就是要爱惜自己的身体，注意劳逸结合、营养均衡，工作锻炼两不误，加强自身修养，不乱发脾气。第二是热爱自己的工作，善于在工作中找到激情和乐趣，在工作中实现自我人生价值。第三是学会欣赏、悦纳自己身边的人，以欣赏的眼光看待周围的事物。比如在工作中存在的问题我们不能总往别人身上推，怨天尤人，而是主动从自己身上找问题。比如教学效果不理想时，我们不要总归咎于学生原有基础不好，学习习惯差，而对自己存在的教学问题不好好反思或是熟视无睹。

栽培自己就是要加强学习，把学习当成每天的必修课。

一是珍惜每一次培训机会，好好向专家学者学习；二是学会向身边的同事、家长甚至是学生学习，善于取他人之长弥补自己的不足。比如对待别人对自己的批评要有欢迎和感谢的态度。唐太宗说：“以铜为镜，可以正衣冠；以人为镜，可以明得失；以史为镜，可知兴替矣。”布鲁纳则说：“自我可以——实际上是必须——从‘他人’的角度予以界定。”他人是一种视角。多从善意的角度去理解别人的批评，多从善意的角度去理解学生的一些不满，我们就可以从他人的批评中得到更多的帮助。第三是要在反思中研究和解决自己的问题。学然后知不足，教然后知困。发现了自己的问题以后，对自己“不满意”只是有了一种积极的态度，这种态度需要后续的研究和改进行为。只有这样，才可能不断从“不满意”走向“满意”；只有这样，才能不断地超越自我，栽培自我。

我相信，在今后的工作生活中，我将把认真学习和促进自我成长变成一种内在的自觉和动力。其实栽培自己的意义不仅仅在爱自己，它的价值还在于对社会的贡献中。挪威的戏曲家易卜生说：“你要想有益于社会，最妙的法子莫如把自己这块材料塑造成器。”我将每天都在爱自己、栽培自己中幸福地生活。

教研课改篇

班主任工作中如何渗透国防教育

摘要：“国无防不宁，民无防不安。”对于一个国家、一个民族来说，最根本、最长远的是安全利益。基于此，文章从思想上重视，居安思危，国防强国；行动上落实，胸怀祖国，心系国防两个方面展开论述，以期为班主任开展国防教育提供参考。

关键词：国防；勿忘国耻；居安思危；胸怀祖国；心系国防

每年4月15日是“国家安全日”，“国防教育”是新形势下国家安全教育的重要组成部分。未来战争的胜负不仅取决于战场上的角逐，而且可以说在很大程度上取决于今天宁静校园里无声的较量。所以班主任要在平常的德育工作中结合学生的学习生活实际，将“国防教育”渗透到他们的思想上、行动上，从而达到居安思危、努力学习、国防强国的效果。

“国无防不宁，民无防不安。”对于一个国家、一个民族来说，最根本、最长远的是安全利益。班主任工作如何渗透国防教育，实现大思政教育，我的几点做法是：

一、思想上重视，居安思危，国防强国

1. 利用读报课时间，让学生关心时政和国防

新时代的学生应该心系祖国，胸怀天下，不应该是鼠目寸光、天天只知道呆坐教室读死书、死读书的人。每天的读报课时间，我会精心挑选一个主题，开展思政教育，其中每周一晚上是固定的国防教育时间，我会跟学生介绍恐怖主义的起源、手段、危害，如何防范恐怖主义；现代空袭的基本特点，如何未雨绸

缪，充分准备；现代生化武器，应对化学武器袭击的常识。还紧跟时代步伐，介绍应对核武器袭击与核辐射的方法要领等，增强学生的国防意识和国防能力。

2. 利用黑板报，宣传国防法规

通过黑板报宣传国防法规。学生通过学习国防法规，在心里建立一个标尺，懂得自身的权益、义务、责任，并规范自己的言行。主要宣传的国防法规有《中华人民共和国国防法》《中华人民共和国兵役法》《中华人民共和国国防教育法》《反分裂国家法》等。这些国防法规告诉我们，在国防建设中什么可以做，什么不可以做，什么必须做，应该怎么做，很好地给学生立好了规范，为国防保驾护航。

二、行动上落实，胸怀祖国，心系国防

1. 回顾历史，勿忘国耻

历史是最好的教科书，在我们享受革命先辈用血肉之躯换来的幸福生活时，要时时回望历史，缅怀先烈。可以充分利用中国近代史中一些屈辱的历史，开展勿忘国耻教育，让学生铭记这些国耻，将悲愤化作报效祖国的不竭动力。比如开展“九五”国耻、“九一八”国耻、“七七”国耻讲座，开展近代史上一系列不平等条约专题知识讲座，让学生认识到：列强的侵略和清政府的腐朽是近代中国落后的根源。让不平等条约告诫国人国防的重要性：如果没有国防，就没有国家的安全；如果没有国防，人民的生命财产就没有了保障。历史和现实告诉我们：没有强大的国防，我们就只能任人凌辱，任人宰割……现在，咱们要守护好祖国的领海、领空、领土，不让历史的悲剧重演。

2. 借用案例，理性爱国

爱国首先是合法爱国，而不是违法爱国。在这里可以用正、反两个方面的案例引导学生理性爱国。

案例一：在日本右翼势力抛出“购岛”闹剧后，保钓行动层出不穷。在有些地方，甚至有人当众焚烧、打砸日系车，还发生了袭击日本人的过激行为。还有一些不法分子冒充爱国青年混杂在游行、抗议队伍中进行打砸抢等活动。这样的行为是真的爱国吗？答案不言而喻。这种严重扰乱了各地治安和正常抗议活动的行为，这种对人民财产和生命安全造成了严重危害的行为肯定不是爱国行为。这种行为不但损害我们同胞的合法权益，而且还造成我们外交上的被动，这种行为只能说是暴力“碍”国。

案例二：观看视频，了解“新疆棉”事件的来龙去脉，讨论该如何理性爱国。学生在了解事件始末透过现象看到本质后，纷纷表达了自己的想法，还以小组为单位归纳整理出几条理性爱国的做法：努力学习，成才报国；为家乡的发展建言献策；遵纪守法，尊重同胞财产；永远跟随党的领导；拥护我国政府的外交行动；正确理性地表达爱国热情，团结就是力量，等等。

通过案例分析，让学生明白爱国绝不是僭越法律的借口，应该通过合理的方式表达自己的态度，在不越过法律的前提下表达诉求。日本侵华的惨痛历史我们不能忘记，但我们更要奋发图强，科教强国。我们需要的不是过激的爱国热，而是理性爱国；我们不能曲解自强的含义，砸车抗日是很典型的反例。

3. 开展活动，精忠报国

作为老师和学生，虽然不能奋战在国防第一线，报效祖国却可以时刻践行：

第一，开展国防知识竞赛。比如我国的领土、领海、领空、法律法规、军旗、军歌、军徽知识讲解及竞赛。

第二，解读国学经典《孙子兵法》。在学习强国上有关《孙子兵法》的解读以及著名战役经典案例分析，都可以给学生分享。这些鲜活的战役分析，既激发了学生的爱国热情，又启迪了他们的思维和智慧。

第三，学习国防英雄。国防故事可以周周讲，古有岳飞“精忠报国”，近有张自忠“尽忠报国”，当代有王伟“撞机报国”，等等。既有战场上的英雄，也有疫情防控一线的英雄，还有奋斗在科技创新领域的英雄，这些都是爱国、报国的典范，应该落在实际行动上。

第四，通过观看爱国电影（《甲午风云》《血战台儿庄》《南京大屠杀》）、参观国防教育基地、学唱爱国歌曲（《唱支山歌给党听》《保卫黄河》《我的中国心》《万里长城永不倒》）、阅读国防教育相关书籍（《大国崛起》《红岩》《小小军事家》《我的弟弟小萝卜头》）等，对学生进行爱国主义熏陶。

第五，认真跑操，强健体魄。让学生认识到“身体是革命的本钱”，锻炼身体是第一要务。在跑操中我带头参与，坚持正确的跑操姿势，给学生做好引领示范，让学生享受跑操带来的愉悦，强健体魄，随时准备迎接祖国征兵的挑选。

孙子说：“兵者，国之大事，死生之地，存亡之道，不可不察也。”国防是一个国家安全、强大的根本。国防教育需要班主任渗透到大思政教育的点点滴滴中去。正所谓“仗可百年不打，国不可一日无防”，作为班主任的我，还要更深入系统地开展国防教育，让学生从小就胸怀祖国，心系国防，锻炼体魄，增长知识；让学生从小就有国防意识，努力学习，顽强拼搏，强我国防。

参考文献：

《国防教育》（八年级下）. 湖南人民出版社，2013（01）.

疫情形势下班主任工作之我见

摘要：新型冠状病毒肺炎疫情的出现，吹响了全国人民疫情防控的号角。作为一线班主任，本文从三个方面谈坚守岗位、防控疫情：一、解读“新型冠状病毒肺炎”，让学生有所思考，防范有法；二、开展活动，做好疫情防控下的心理疏导；三、抓好线上教学，“立德树人”。疫情就是命令，防控就是责任。在这个“全能导师”班主任的带领下，班上的学生在这个寒假真正做到了和时代同频共振，茁壮成长。

关键词：新型冠状病毒肺炎；疫情；心理疏导；线上教学；立德树人

2020年的春节是一个不平凡的春节，新型冠状病毒肺炎的出现，使14亿中国人民在这个春节全部待在了家里，没有了往年春节热闹的走亲访友，有的只是白衣天使们夜以继日的劳作奋斗。作为七年级班主任的我，一直想发挥一个一线班主任在抗击疫情中的最大作用。经过深思熟虑，我认真开展了这三个方面的工作：

一、解读“新型冠状病毒肺炎”，让学生有所思考，防范有法

疫情就是最好的教科书，针对“新型冠状病毒肺炎”疫情，我精心设计了一系列的问题让学生探究：

1. 造成这次疫情的病毒名称是什么？

2. 什么是冠状病毒？

3. 什么是新型冠状病毒？

4. 这种病毒是如何产生的？

5. 最早感染新型冠状病毒肺炎的是哪类人？

6. 看全国疫情分布图，哪个省份最严重？查看“新增确诊”和“疑似”趋势图、“累计确诊”和“现有疑似”趋势图、“累计死亡”和“治愈”趋势图、最新疫情趋势图，你从中获得了哪些信息？

7. 新型冠状病毒具有怎样的传染性？

8. 全国为什么会这么多地方发生疫情？都是通过何种形式传播的？

9. 如何防范新型冠状病毒？

学生带着这些问题去学习相关知识，观看微课，观看《我是接班人》，参与线上《新冠病毒肺炎知识测试》，科学应对疫情。这样一方面把学生从追剧和网络游戏中转移了出来，另一方面他们自主学习的积极性提高了，调查起来非常积极认真。有的同学还把问题罗列起来，认真打印了一份，有的还充当了家里的“疫情防控大使”。我觉得，让学生亲自去做这件事情，他们所感受到的、所领悟到的会比老师教的多得多。

二、开展活动，做好疫情防控下的心理疏导

因为新型冠状病毒肺炎的突然出现，全国上下人心惶惶；随着疫情发展，不少学生和家长都出现了心理不适。我结合校讯通和班级微信群，在第一时间发布了学校下发的《预防新型冠状病毒告家长书》，向家长说明了当时的疫情形势，科普了什么是新型冠状病毒，有什么症状，如何预防，请家长重视起来，保护好自己和家人。同时每天在家长群里转发相关视频和文章，传播正能量，做好心理疏导。

1. 转发“学习强国”上国家开放大学的相关慕课：《面对疫

情，你恐慌了吗？》《被隔离的健康人，该如何调整自己的心理状态》《疫情期间如何避免灾难性思维？》《面对疫情，个体应该如何进行自我情绪的疏导？》等。我推送的这些慕课，起到了很好的疏导作用。面对疫情，我班上的家长和学生一方面重视疫情认真防范，另一方面不信谣、不传谣，科学应对。

2. 在班级家长群里率先垂范，保持积极乐观的心态，坚持打卡学习。我在家长群里说："突如其来的疫情，是老天爷的事，我们要做好的是自己的事。最重要的是，不要让自己沉溺于烦躁、焦虑、低落、萎靡之中，要让自己变得忙而不乱、忙不出错、增加正能量，不出门，不添乱，做好本职工作。"面对疫情，怎样让同学们既能有效学习，又能保持轻松愉悦？我在家长群里鼓励同学们自主申报小队活动，运动小分队、艺术小分队、美食小分队、朗读小分队很快编队成功。每天班级 QQ 群里真是热闹非凡，琴棋书画各有高招；美文、古诗、绕口令、三句半大比拼层出不穷；跳绳、健身操、仰卧起坐各显身手；自制蛋糕、煎饼、饺子、水果拼盘令人眼花缭乱。有的学，有的玩，不着急，不焦虑；玩中学，学中玩，玩得开心，学得高效。有人说，班主任是"最小的主任"，家长们却说，张老师是孩子们的"全能导师"。

三、抓好线上教学，"立德树人"

（一）抓住疫情契机，对学生进行关于生命、关于担当、关于责任、关于信仰的教育

新课程改革要求我们要努力把学生培养成为一个全面发展的人，即学生既有人文底蕴，又有科学精神；既要健康生活，又要有责任担当和实践创新精神。基于这个考虑，我把班上设置的问题，从简单到逐渐深入：

1. 针对这种病毒，医学界采取了哪些研究措施？现在哪种治疗方法比较有效？

2. 在抗疫这个极具专业性的问题上，我们今后要吸取哪些经验和教训?

3. 为什么说疫情防控是“人民战争”?

4. 疫情防控考验了全社会哪些能力?

5. 请你以一名中学生的名义写一份倡议书，号召本小区居民积极行动起来，预防“新型冠状病毒肺炎”。

这些问题引导学生进行深入思考、判断、总结，既提升了学生写作能力，又培养了他们把所学知识在实践中活学活用的能力。我还通过班级 QQ、微信群等方式联系并号召全班同学行动起来，在疫情防控保护自己的同时，传播社会正能量。有的学生通过一段手势舞加油打气，有的学生绘画一幅手抄报赞美白衣天使，还有的学生写诗歌来支援武汉……在这些活动中，不再是强调学生学会了什么，而是给予了他们一生发展的基石，我从一幅幅学生的作品中欣慰地感到“这个春节，他们真的‘长大了’”。

（二）抓住疫情契机，培养学生的家国情怀

我希望这次疫情能让学生有一份家国情怀，“先天下之忧而忧，后天下之乐而乐”。为此，给学生推荐了一堂国家开放大学的网络直播课《爱国与成长》。还布置学生浏览每天的疫情报告，包括国外的。推荐阅读相关文章《刚刚，钟南山做出重要判断!》《“疫情不一定发源在中国”是什么意思?钟南山补充回应》《世卫组织谈应对新冠肺炎全球疫情：“像中国那样去做吧!”》。指导学生看视频直播课《战“疫”特辑：“手”卫人民》，要求看完后写观后感。号召学生“做好自己该做的事情”“向抗击疫情的英雄学习，汲取榜样的力量”……同学们把自己对家国情怀的理解、对疫情防控的必胜信心都写进了字里行间。疫情当前，孩子们需要和这个时代同频共振，而我们老师则是他们的领路人，我们需要和学生们同心聚力，教会他们责任担当、敬畏自然，教给他们人格底线、应对危机，教给他们随时随地独立思考的能力。这样才会让他们真正成长为一个既有文化基础又有社会参与

能力和自主发展能力的全面的人。

（三）学生身体素质和文化素质的全面提升

1. 抓好居家锻炼

疫情来临，考验的是身体素质。我在群里反复强调“身体是革命的本钱”，把中考体育测试项目和要求早早地解读一遍，要求他们在家里每天锻炼一小时，为抗击随时可能出现的各种细菌、病毒做准备。在群里转发《八段锦》《中国节拍》《体育与健康》《耐久跑》《排球自垫球》等慕课，让学生居家学习和锻炼身体两不误。

2. 抓好线上文化学习

一开始我和孩子们约定每天练一篇字、读一篇美文。我以身作则，每天和孩子们共读共写，一天也没有落下。在我的带动下，全班同学百分百参加，百分百高质量完成，得到家长的好评。

后来，针对市教育局做出的统一安排，有序地开展线上教学，这下我这个班主任可忙乎了，每天积极整理和研究教学教材，参与网络授课，每天跟任课老师通知班上学生按时上课，并对学生进行在线指导、考评、考勤、作业批改，确保教学高效、有序地进行。我心里就是一个信念，面对疫情，作为教师，好好备课，上好网络直播课，保证学生的学习质量，就是在履行自己的另一份防疫责任。

就这样，我和我班上的学生在这个寒假用我们的满腔热情，书写着青春的印记，记录着这个不平凡的春节。

疫情就是命令，防控就是责任。我坚信，全国人民众志成城，拧成一股绳，定能在最短的时间，赢得这场防疫战的胜利。医者不计生死，民众不计报酬，师生线上“停课不停学”，一点一滴汇聚的爱和能量，定能厚积薄发。这能量定能击破寒冰，待到山花烂漫。

参考文献：

1. 国家开放大学相关慕课《爱国与成长》《面对疫情，你恐慌了吗?》《被隔离的健康人，该如何调整自己的心理状态》《疫情期间如何避免灾难性思维?》《面对疫情，个体应该如何进行自我情绪的疏导?》等。

2. 学习强国平台相关慕课《我是接班人》《八段锦》等。

3. 禹州第一网——王小锋初中班主任工作室《疫情这本教科书，师生聚力来共读》。

探究“五盖山的茶叶为什么这么好”

一次偶然的机会，我带着几个学生到一个同学家做客，喝到了五盖山的米茶。他们惊喜地发现，这个茶跟平常喝到的茶截然不同：这个茶没有苦涩味，而且喝后感觉满口的余香，这个香非常自然而醇正，感觉像是大自然百花百草糅合在一起的清香。不但如此，喝后他们还觉得这个茶非常有后劲，一杯淡淡的清茶缓缓从喉咙流过，感觉喉咙立马舒服了起来，整个人也感觉心旷神怡、精神抖擞了。五盖山的茶叶为什么这么好？为什么会带着一股大自然的醇香？带着这些疑问，我特意带着一群孩子亲临五盖山米茶厂，访问了米茶厂的李总。随着调查走访的深入，一个个疑团的答案都浮出了水面。

图 1　美丽的五盖山

图 2　五盖山米茶

一、师生查找资料，追根溯源

五盖山米茶，产于湖南省郴州的五盖山。据明《万历郴州志》记载：“五盖山在州东南三十里，高二十里，周围百八十里，山多云雾。”该山为岭南山脉之一，有 5 个山峰耸立如盖，同时常年时有“云、雾、雨、露、雪”所盖，故称五盖山；有趣的是，在云雾掩映的群山之中有碧云庵、万惠庵、苦竹庵、凤林庵、聚仙庵5座道庵，其与五盖山是不是有着更神秘的隐喻还值得继续去追溯。其主峰碧云峰，海拔1620米，有郴邑第一峰之称。全山总面积20余万亩，广布野生茶树。山势雄伟，绿林苍翠，涧流淙淙，冬不严寒，夏不酷暑，土质肥沃，为花岗岩母质发育的灰砂土，堪为种茶之佳境。人称“五盖山七十二峰，峰峰有宝；一峰无宝，也有黄连甘草”。山上的茶园隐没在松林竹海之中，茶树以散生的状态自然生长。由于海拔高、昼夜温差大，茶树积累更多的氨基酸和芳香类等物质，赋予了茶叶饱满独特的风味。茶叶品质，尤以位于海拔1400~1600米的碧云庵、万惠庵、两江口一带所产为冠；碧云庵附近的约18亩古茶林，经中南林业科技大学专家实地勘测和取样测定，平均树龄为429年。

图3至图5　碧云庵附近的古树茶

郴州總志

卷之四十

五

图6　郴县县志节选

这里产茶，品质优异，明崇祯17年（1644）已被列为贡品。据清嘉庆《郴县县志》记载：“茶，郴属均产，以五盖（即五盖山）为佳也。”

五盖山不仅茶叶好，泉水亦好，郴州南7.5公里的园泉，该泉水质清洁，水色晶莹，水温冬夏无异，恒温18℃左右，用以沏茶，香气格外清纯，滋味尤为甘美，古时历代名士过往郴州，都慕名前往，以一饮米茶、园泉水为快。唐代诗人刘禹锡盛赞饮五盖山米茶后“悠扬喷鼻宿醒散，消峭彻骨烦襟开”。说明饮这种香气扑鼻的茶汤，头脑即刻清醒，胸中的烦躁也一扫而光了。唐代陆羽曾品评了天下各地泉共20处，五盖山的园泉被陆羽称为“天下第十八泉”。宋代留下的“天下第十八泉”石刻，至今还完好地保存着，成为郴县八景之一。

图7 “天下第十八泉”石刻

图8 “天下第十八泉”简介

二、师生实地考察，品种特色

五盖山米茶系列茶叶分为绿茶和红茶两大类。绿茶外形细嫩显锋，色泽银光隐翠，茸毛贴身，香气嫩（栗）香高纯，滋味清鲜醇爽，汤色嫩绿明亮；红茶外形细紧匀整，香气甜（花）香馥郁，滋味甘鲜醇厚，汤色红亮。冲泡时，杯中热气，初时犹如一朵白云盖碗，然后呈线状缭绕二尺余散去；杯中茶芽芽尖朝上，柄端朝下，有几起几落，饮之“茶味清冽，颊齿留香”，饮后余香生津。由于米茶特别珍贵，当地人们在祭祀庙里的菩萨之前，也要先饮上好的米茶作为洗涤肠胃，以表对菩萨之敬意，祈祷菩萨保佑自己。但那些“体弱未惯饮者，只可半盅；多则顷即昏眩，汗出涔涔”，此茶性烈，由此可见。

三、师生共同研究，成因分析

为什么五盖山米茶会有这种独特的清香？经过实地考察，谜团揭开了：原来五盖山，顾名思义指的是五盖山上常年有云、雾、霜、雪、露覆盖，茶树生长环境恶劣，南北气流在此对流交汇，气候变幻万千，故生长出来的茶性烈、霸道，加之与百草百花共生，与苍松翠竹、银杏、冷杉树共舞，茶树在生长的过程中，经受了云、雾、霜、雪的考验，吸收了日月星辰天地的精华，也吸附了周围珍稀动植物的芳香和气息，所以品之则甘香醇厚、余香缭绕，带着一股大自然的醇香，这是五盖山米茶独特的品性。

五盖山米茶分两种：在海拔 1000~1200 米的茶树与苍松、翠竹间杂相生，斑驳竹影下的阳光最适合茶树生长，每年头茶采摘时间是 3 月 30 日左右；在海拔 1400~1600 米的茶树是与冷杉树伴生的，山顶常年缭绕的云雾孕育出绝美的茶品质，采摘时间是 4 月 15 日左右。五盖山茶场海拔高，气温低，头茶比郴州其他地区的茶要晚出来 15~30 天；正所谓酒香不怕巷子深，好茶不怕晚出。虽然出得晚，这里的茶却因为品质好、产量少需要预订才能买得到。

茶叶采摘全部手工，茶树周边灌木丛生，采茶工作就犹如鸡蛋里挑骨头，尤其耗费时间精力，一个成年人一天采的鲜叶也只 3 斤左右（4.5 斤鲜叶做出 1 斤干茶）；每年春茶的产量只有 2000 斤左右，1400~1600 米海拔的尤其稀少珍贵，产量只有 100 多斤，每年需要提前预订才能分到一小部分；五盖山米茶因其独特，喝了五盖山米茶的人就永难忘却那股醇厚的兰花香，每年采茶季到来时，寻味而来的朋友络绎不绝。

图 9　美丽的五盖山

图 10　阳光下的茶树熠熠生辉

我们那天喝到的就是同学给泡的海拔 1400~1600 米碧云庵附近与冷杉树共生的珍贵米茶，这茶只有贵宾到了才舍得拿出来待客的。

至于泡茶用什么水，用何种茶具才更具有风味，那又是另外的研究课题了。

图 11　未经施肥杀虫的原生态野生茶

图 12　千年古银杏树

图 13　成片的冷水杉树

图 14　丛林中的原生态野生茶

图 15　五盖山百花香

图 16　五盖山百草园

图 17　多种珍稀动植物共生

图 18　碧云庵放生池前茶树与冷杉树共生

图 19　实拍五盖山野生娃娃鱼

最后，还要感谢李总的盛情款待和陪同我们来实地考察。我得继续带着学生开展研究性学习，为复兴古法制茶，发掘和弘扬五盖山地区悠久灿烂的古文化、民间传统而献言献策。

顺便说一句，李总说非常欢迎朋友们上五盖山来品茶、聊茶，观览五盖山的风物人情。不喝上一壶五盖山的米茶，真的可惜哟。

历史课程资源开发的几点思考

摘要：课程资源是我国新一轮基础教育课程改革的一个亮点。教师要强化历史课程资源意识，因地制宜地开发和有效地利用各种课程资源。本文对历史课程资源的开发做出了一些探讨。

关键词：课程资源；影视作品；生活经历；乡土知识

历史知识最大的特点就是过去性，时间、空间跨度大，很多知识跟现实生活无直接联系。如何合理地开发历史课程资源，更好地让历史知识生活化、近距离化，我的几点尝试是：

一、巧用剪辑的影视作品

影视作品最大的特点就是生动形象，让人过目不忘。巧用精心剪辑的影视作品，可以激发学生学习的兴趣，增强记忆。比如，有关抗日战争题材的影视作品，学生看了印象非常深刻，其中有一首主题曲叫《八路军拉大栓》，歌词是这么唱的：“1937年呀/日本鬼子进了中原/先打开了卢沟桥啊/又进了十三元/那火车都修到了济南呀哎嗨哟/鬼子就放大炮啊/八路军就拉大栓/瞄了一个准啊/就打死个翻译官/他两眼一翻就上了西天呀哎嗨哟……”这首歌唱罢，1937年和“卢沟桥”永远记住了。但是在利用影视作品时，一定要引导学生区分史实与电影，不能迷信电影，因为影视作品与史实是有出入的。比如在抗日题材的作品中，往往突出共产党在抗战中的作用，而对国民党正面战场的抗战涉及较少，还有影视作品中的日本军队似乎都“不堪一击”，而中国军队却“战无不胜”，这些都应该提醒学生辩证地看待，全面准确地把握历史。

二、引用学生的生活经历

古人讲，既要“读万卷书”，又要“行万里路”。这在一定程度上揭示了人才成长的规律。“行路”理解为在实践中学习。这里的行万里路跟读书是互补的，读书是静态的，行路是动态的，书中知识有限，只有行路眼观耳识才能补其不足。

在教学中，我发现学生的生活经历是最鲜活的教材：一方面，学生有亲身经历，有感而发；另一方面，把他们在实践中学以致用的素材引用到课堂教学中来，能进一步增加学习探究的积极性。比如在讲解北京故宫时，我就充分利用部分同学去故宫参观过的经历，让学生展示自己的相片并简述自己的游历体会，效果非常好。

三、利用本市、县、乡镇的本土知识

本地区的本土知识是进行历史知识生活化最好的融入点。在初一历史第一节导言课，我就充分利用“什么是历史”“怎样学习历史”“学习历史有什么意义”这三个问题，展开教学。在教学中布置学生回家找家谱、县志，查询自己这个家族的历史，或者自己所在村落、所在乡镇、县的历史。学生学习积极性很高，研究家谱、家规、县志者大有人在。有的学生找到自己家谱的家规朗朗上口地读了起来；有的学生在网上找到了自己这个姓氏的QQ群；有的学生则对县志研究产生了浓厚的兴趣……这些活动的开展，有效地拉近了历史与现实的距离，激发了学生学习、探究的愿望，还扩大了学生的知识面，也增加了他们写作的素材。当然，如果条件许可的话，还可以带领学生参观遗址遗迹或是请名人到学校做报告或访谈名人。这些都是很好的课程资源。

总之，在开发课程资源时，一是要根据教学目标精选资源。资源可以找到很多，但一定要紧紧围绕教学目标而找，不能突出教学重点、不能为突破教学难点而服务的，一定要忍痛割爱。二是要尽量选取基于学生生活实际的题材，让历史知识贴近生活，让学生在已有的生活经验上获得新知。

初一历史衔接教育研究

摘要：历史是初一新生面临的一门新课程，如何开展好衔接教育，让学生顺利地适应初中学习？本文试从强调学科重要性、上好导言课、介绍学习方法、抓好课前准备及学习小组建设4个方面阐述。

关键词：衔接教育；历史导言课；学法指导；学习小组

初一新生面临一些新课程，对“新课程”的适应情况，将影响他们的学习。历史是新课程之一，如何做好历史学科的衔接教育，让他们及时调整好学习方法，科学分配好学习时间呢？我的做法是：

一、强调历史是一门重要的基础学科

在小学虽然开设了与历史知识有联系的“品社”（品德与社会）课，但很多学校因各种原因而没有专职老师，导致所谓的“品社”课成了班主任等老师的搭头课，或班主任训话，或干脆改成语、数、外主科课。“品社”就成了摆设，要么不上，要么是考前发几张复习资料让学生去死记硬背应付考试。上初中后，在第一节历史课就要跟学生强调历史是一门重要的基础学科：第一，历史是参加中考的必考科目，学得好可以成为包分科目，学得不好则很容易拉大与他人的差距，中学将有专业历史老师，会开足历史课时；第二，上高中时，就算不学文科也必须参加完历史科的学业水平考试，成绩合格才能拿到高中毕业证；第三，上大学时，历史也是一门必修的公共课程；第四，考公务员或者考研究生，历史都是一门必考的公共科目。让学生从第一节课就重视历史，不偏科，这样有助于他们上课认真听讲，认真对待每一门学科；有助于将这种良好的学习习惯延续到每一节课、每一次学习中，杜绝应付了事、突击应考、死记硬背的不良习惯。

二、突出学习历史的实用性，认真上好导言课

有人认为历史就是“背多分”，学习历史似乎就是为了多背几个题目，应付考试，提高分数。其实学习历史实用性很强，因为历史知识包罗万象，一个精通史学的人，可以开阔视野，以史为鉴，培养正确的世界观、价值观和人生观，这三观教育就如人生的风向标，如果三观都错了，人生可能会南辕北辙。历史教师一定要做出表率，爱岗敬业、博览群书，让学生觉得历史老师是个上知天文下知地理、能传播正能量的了不起的传奇人物。上课时尽量激发他们的求知欲，百家讲坛式地评古论今，还要多举几个伟人“读史明智”的故事，让学生受到熏陶。在历史课中，还要灌输文史不分家的观点，让学生明白，历史学得好可以帮助学习语文、政治。比如把文学作品放在当时的历史背景中去理解，才能进一步领悟到文章的主旨；再比如历史知识面广，可以丰富写作题材，一个有思想的人才能把文章写透、写好，才能拿高分。还有，历史可以古今对比、中外联系，可以引导学生关注时政热点，古为今用、以史为鉴。

三、介绍学习历史的基本方法及对教材不同内容的使用方法

历史是一门文科，在学习中老师要强调阅读思考、理解记忆的重要性。怎么阅读是关键，可以先组织学生读好课文，用好教材。怎么阅读教材，如何使用好教材的不同部分都很关键，教师应该在上导言课时，逐一翔实介绍。如初读“目录”，提纲挈领；细读“标题”，抓住重点；精读“大字”，落实知识点；品读“小字”，找到趣味点；细读“图片”，捕捉信息点；不漏过“注解”，突破疑难点，等等。光有阅读还不行，老师还要引导学生思考问题。如巧设“悬念题”导入新课；利用“课中题”层层探究；做好“课后题”温故知新；利用“畅想天地”，创新思维；利用“自己动手”，培养能力；利用“单元回眸”，小结知识，等等。要引导学生学习与思考相结合，将学法指导贯穿于每一节课，把学生培养成会学、善学、乐学之人。

四、抓好课前准备及学习小组建设

“磨刀不误砍柴工”，一堂课上得成功与否，除了老师对教材内容是否运用自如外，还与学生的课前准备及配合有很大的关系。从一开始就要求学生做好课前准备：课本、笔记本、文具及精神准备等。比如每次一打上课铃，班长或课代表就要提醒同学说：“这节课是历史课，请大家赶快做好准备。”然后一边让班长巡回检查，督促大家把相关书籍及文具准备好，一边由课代表组织大家开展课前朗读。这样一段时间下来，课前准备充分，学习进入状态快，等老师赶到教室时，刚好可以开讲了，节约了组织教学的时间，效果非常好。

此外，历史教师一般教的班级都很多，现在班额又大，要管好四五百号学生的学习，还真有困难。这时就要抓好学习小组的建设了。每个班都分成6~9个人一组的学习小组，每节课都给学生一个明确的学习目标，比如学习重点在哪里；笔记该记在什么地方，怎么记；作业有什么要求；哪些知识必须识记过关都要逐一落实。组建好学习小组后，培训组长和课代表，抓好作业的收发及落实背书签背制度。培训这些助手既解放了老师，又发展了学生，何乐而不为？

当然，初一学生在新的环境和历史课程的学习中，肯定还会碰到诸多的困难，这就需要历史老师随时随地把问题当成小课题研究下去，将衔接教育进行得更充分、更有针对性。没有最好，只有更好。我想，教育就是不断地超越，实现“教”和“学”的飞跃。

历史课堂有效教学初探

摘要：有效教学即是教师在达成教学目标和满足学生发展需要方面都很成功的教学行为，是教学的社会价值和个体价值的双重表现。在新课程改革之际，我们广大的历史教师必须转变教学理念，在精心备课、灵活组织教学、抓好作业的落实上全面优化教学，最大化地实现教学的有效性。

关键词：有效教学；备课；教学组织；反思；作业

有效教学即是教师在达成教学目标和满足学生发展需要方面都很成功的教学行为，是教学的社会价值和个体价值的双重表现。所谓的“有效”，主要是指通过教师在一段时间的教学之后，学生所获得的具体的进步或发展。也就是说，学生有无进步或发展是教学有没有效益的唯一指标。怎样在有限的 40 分钟内达到最好的教学效果呢？我的做法是：

一、课前——备课的有效性

课堂的有效性，在于教师的“教”和学生的“学”。教师“教”对与否，“教”的内容是否紧扣了教材、课标与考标，“教”的方法是否得当，决定了“教”这方面有效度的高低。所以，教师在备课时，应该对一节课到底要完成哪些教学目标，为完成这些目标到底要采取什么教学方法，做到胸有成竹。在备课时，应该对哪些是识记层次的目标，哪些是理解或运用层次的目标了如指掌。教学方法上，哪些地方采用导读法，哪些地方用讲解法，哪些地方用练习法等安排得一清二楚。哪些地方是易错、易混点，该如何引导、区分；哪些地方是重点、难点，该如何突破，教师在备课时都应该一一考虑到。可谓是“台上一分钟，台下十年功”。一堂课上完后，还应该根据学生反馈的情况，及时反思，调整教学目标及策略。反思既是一种教学应变，又是对下一节课的再备课，在反思中才能不断提高教学效率，促进教师的专业成长。

二、课中——教学组织的有效性

一堂课光有老师的“教”，没有学生的“学”是无效课堂。学生的“学”是主动生成的“学”还是被动、机械式的“学”，也决定了“学”这方面有效度的高低。一堂课成功与否，关键在课堂教学组织是否有效。首先，教师要以饱满的精神状态步入讲台并抓好学生的课前准备，这是课堂有效的第一步。其次，课堂教学的核心是组织教学：如何激趣、导学、设疑、讨论、讲述、小结，每一个环节都需要教师精心准备。在教学中，还要随时根据学生的学情灵活调整方法与策略。如果学生还没有弄明白，不妨放慢教学速度，把难点化整为零，各个击破；如果学生已经掌握得非常好了，不妨一带而过；如果学生纪律不好，则应该先抓好纪律再开展教学；如果学生意见产生分歧，可以巧妙引导质疑、讨论、小结。总之，应该大胆地把课堂还给学生，“教”的目的是“不教”，“学”的目的是“乐学——会学——学会”。为此，教师应该把提高学生的历史学科素养落实到每一节课上。比如，初一抓阅读能力：引导学生学会找标题、找重点；学会在阅读中找到历史事件的时间、地点、人物，以及事件的起因、经过、结果、影响；学会以朝代为线索进行归类小结。初二抓专题学习：学会以专题为线索归类构建知识网络，并开始逐步形成自己的见解。初三抓国别史，学会中外联系，古今对比；学会在学习新课时及时回顾旧知识，以旧导新，以新固旧。学生的学科素养提高了，自学能力增强了，学习成就感也会成倍增加，这样课堂上就形成了一种“乐学——会学——学会”的良性循环。

三、课后——作业的有效性

上完课后，还需要一个复习、巩固的过程。如果缺少了这一环节，到下一节课，你问学生所学知识又会“一问三不知”。为此，教师要精心设计布置恰当的作业，让学生有一个有效的复习、巩固过程。从内容上看，作业要少而精，紧扣双基，为达成教学目标而服务。从形式上看，作业要灵活多样：可以背书（老师要明确背哪些内容）；可以听写（把问题明确给课代表或小组长，也可以一上课就点明）；也可以是相应的练习（练习应该针对考标的识记、理解、运用3个层次来设计）；还可以让学生相互出题考对方（这个最有创意，在设计命题时，学生有思考、研讨，可以很好地提升自己）；还可以以组为单位把学生的原创命题按时公布于众，每周一题，互相评议、练习。从时间上看，可以课内完成作业的绝对不要拖到课后；可以不重复练习的坚决不重复，不搞题海战术，尽量减轻学生学习负担。作业布置好了，还要以组为单位抓好落实，只有落实了少而精的作业，才能把课堂很好地延伸到课外。

总之，在新课程改革之际，历史教师如果依旧用“蜡烛”般的奉献，用“园丁”般的辛苦，和“一桶水”的储备，似乎已经不能取得相应的效果。“关注课堂教学的有效性，调整教学策略”是每一个历史教师必须关注的主题，也是时代的要求；也只有努力做好这点，才能迎来历史教学的春天，才能达到“教育的更高目的在于启蒙人的智慧和思想”这一崇高境界。

如何构建初中历史学科“高效课堂”

现在，学生厌学的越来越多，靠“灯光加汗水”的方式已完全行不通。所以，老师一定想办法构建高效课堂，向45分钟要质量，要效益，要效率。结合笔者多年来的教学实践，谈谈如何构建初中历史学科“高效课堂”。

一、激发学习兴趣，构建高效课堂

著名物理学家杨振宁先生说过：成功的真正秘诀是兴趣。“兴趣是最好的老师”，要想让学生喜欢上历史，上课能自主地去探究历史知识，激发学生的学习兴趣是最关键所在。我们可以通过以下几种方式激发学习兴趣：

（一）用新颖多样的导入激趣

俗话说：“好的开头是成功的一半。”导入对一堂课的成功起着重要的作用。导入新课，我常常采用如下方式：（1）用故事导入。例如，讲授《第一次世界大战》时，可用塞尔维亚青年刺杀斐迪南夫妇的故事导入。（2）用诗歌导入。例如，教《美国内战》时，可以用惠特曼歌颂林肯的诗歌《啊，船长，我的船长!》导入。（3）用歌曲导入。如，教《抗美援朝》时，可以演唱《中国人民志愿军战歌》导入。（4）创设情境导入。比如，教《全国大动乱》（即“文化大革命”）时，老师可以描述红卫兵批斗所谓的反革命分子、学生给老师写大字报的场景导入。此外还有用谜语导入、用图示导入、用典故导入、用湖南地方文化常识导入等等，起到了良好的效果。

（二）组织辩论赛激趣

我认为，展开历史辩论赛，能充分地调动学生的积极性，激发学生的学习兴趣，还能培养学生的是非判断能力、分析能力、综合能力、解决问题的能力、运用辩证唯物主义的观点去看待问题的能力等。所以，我们在教学中，可以经常组织辩论赛，让学生在辩论中主动学到更多的知识，培养各方面的能力。如辩论题一："有人认为，秦始皇功不可没，是千古一帝；有人认为，秦始皇过失巨大，是个暴君。你认为应该怎样评价秦始皇？"辩论题二："假如你是秦始皇在位期间的一名朝廷官员，你是赞成还是反对修筑万里长城？请说出理由。"辩论题三："有人说，改革比战争好；有人说，战争比改革好；还有人说，要具体问题具体分析，改革、战争并无好坏之分。你同意哪种观点？请简述理由。"辩论题四："辛亥革命是成功了，还是失败了？请说出你的理由。"等等。

（三）表演课本剧激趣

表演能激发学生学习兴趣，活跃课堂气氛；表演能加深对知识的理解，加强对知识的记忆；表演能让学生展开想象的翅膀，能培养学生各方面的能力。所以，不妨让学生多多表演课本剧。例如，学"商鞅变法的主要内容和意义"时，可以让两位学生分别扮演秦孝公和商鞅，让他们用对话的形式阐述出商鞅变法的主要内容和意义。学完"诸子百家"后，可以设置一个这样的情境题：老子、孔子、孟子、庄子、墨子、韩非 6 人跨越时空聚到了一起，对自己及自己的主张进行了介绍，请同学们表演出来。我相信学生兴趣高涨，还会大胆地进行创造，然后再表演。课堂上的笑声应该不断吧？

（四）讲名人故事激趣

可以说，每个学生都喜欢听故事，特别喜欢听名人故事。平时上课，只要哪篇课文中出现了名人，就要讲一两个那个名人的故事给学生听。例如，讲华盛顿诚实的故事，讲爱迪生发明电灯泡的故事，讲贝尔发明电话的故事，讲孙中山破除迷信、拯救中国人民的故事，讲袁隆平培育籼型杂交水稻的故事，讲曹雪芹几十年如一日地写作《红楼梦》的故事，等等。名人故事不仅能激发学生的学习兴趣，还能对学生进行很好的情感教育，陶冶学生的情操，培养正确的人生观。其实历史老师可以坚持每节课讲一则名人故事，一年之后，厌学的学生肯定会少很多。

（五）创设问题激趣

有时，我们可以创设几个问题让学生去思考并解答，来激发学生的学习兴趣。例如，在教学《对外开放格局的形成》时，就设置了 3 个问题：（1）老师的弟弟大学毕业后，想去外面的城市找工作，你建议他去哪里？请说明理由。（2）老师读书时，曾看到这么一句话："宁要浦西一张床，不要浦东一栋房。"可老师今年春节去上海游玩时，却发现浦东比浦西繁华得多，你能帮老师解释一下吗？（3）同学们发现，开心汤姆能让自己一饱口福。肯德基店、麦当劳店、开心汤姆店在中国的出现与 21 世纪初中国所做的哪件重大事件有关？这 3 个问题极大地激发了学生的好奇心，都认认真真地去阅读课文，希望自己是第一个找到正确答案的学生。找到答案后，就争先恐后地回答。综合多个学生的答案，就完全突出了本文的重点内容：经济特区的设立、上海浦东的开发、对外开放格局的形成、中国加入世界贸易组织。整堂课，正是因为老师设置了几个学生感兴趣的问题，学生就自主地探究、获取知识，老师只要稍作点拨就行了。

（六）开展各种活动激趣

历史活动又可以分为两大类：一类是课内，可以组织抢答赛、挑战赛、评价历史人物、我最喜欢的名人名言、故事会等。例如，学完春秋战国的历史后，就安排一节课让学生讲与历史有关的成语故事；又如，学了三国的历史后，就可开展"我讲三国"的故事会。学完了一个单元的内容，可以组织学生复习，就可用抢答赛、挑战赛来激励学生认真复习和检测学生的掌握程度。另一类是课外，可以举办“历史手抄报”比赛，可以带学生参观历史遗址，可以组织学生观看历史博物馆和历史影片，可以引导学生寻访家乡的历史人物，可以让学生做历史社会调查等。这些形式多样的活动特别能激发学生学习历史的兴趣，学生有了饱满的热情，构建高效课堂就不难了。

二、紧扣课标，突出重点，突破难点，构建高效课堂

我曾发现，有部分老师备课、上课前，从不去研究课标，只凭自己的所谓经验传授知识，这样就最容易泛泛而谈，面面俱到，没有重点可言。一节课下来，学生都不知道到底要识记、理解哪些知识，更别说掌握了哪些知识。所以，要想构建高效课堂，老师一定要研究课标，课堂上，尽量要突出重点，突破难点。当然，老师还可通过精选试题给学生练习，提高学习效率。所选出的题目一定要有典型性，并能让学生举一反三，能帮助学生掌握重点和难点。

三、进行学法指导，构建高效课堂

有的学生非常勤奋，每天见他忙忙碌碌，可学业成绩却不太好；而有些同学没见他怎么努力，却能名列前茅，达到事半功倍的效果。我想这最主要的原因是后者掌握了很好的学习方法，所以学习方法很重要，平时在课堂上老师一定要经常进行学法指导。历史的学法指导又分为两类，一类是记忆方法的指导，另一类是解题方法的指导。先说记忆方法的指导，我觉得下列 6 种方法行之有效。

（一）故事法

一个史实就是一个故事，而同学们对故事是非常感兴趣的，如果用讲故事的形式来记，效果特别好。例如“赤壁之战”，同学们可以这样讲：“官渡之战后，曹操统一了北方，他就想举兵南下，进而统一整个中国。公元 208 年，他率军和刘备、孙权的联军在赤壁发生了激战。由于曹操骄傲轻敌，再加上他的士兵不识水性，结果被周瑜的火攻打得惨败而归。”连续讲两遍之后，赤壁之战的时间、地点、作战双方、原因、结果不就全记住了吗？

（二）对比法

同学们对相类似的事情最容易混淆，经常发生张冠李戴的事。对于这些知识，我们应该先把它们列出来进行对比、区分，然后再强化记忆。例如识记佛教、基督教、伊斯兰教的创始时间、地点、创始人；秦始皇的巩固措施和汉武帝的巩固措施；俄国农奴制改革和日本的明治维新，都可运用对比法。

（三）顺口溜法

顺口溜有简洁、形象的特点，读起来朗朗上口，便于记忆。那么，我们不妨把一历史知识编成顺口溜。如："夏商西周尽，春秋战国秦。西汉连东汉，三国两晋南北朝。隋唐五代十国，辽宋金，元明清。"短短的几句话，就把中国的朝代串联了起来，学生就会明了朝代的更替顺序。又如："唐诗宋词元曲明清小说。""蒋介石、汪精卫，1927年叛变，四一二、七一五政变，引起人民来起义，南昌起义、秋收起义、广州起义，1928年建立了井冈山革命根据地。"

（四）谐音法

就是利用同音字或近音字来记忆。当然，这种方法只能偶尔用之，并且不能写错别字。例如，意大利旅行家"马可·波罗"可以记成我吃了"满口菠萝"。又如，彭德怀率领西北解放军采用"蘑菇战术"先后取得了青化砭、羊马河、蟠龙、沙家店战役的胜利，有些同学就是记不住四次战役的顺序，你就可以告诉他们记成"青羊爬（蟠）山（沙）"，也许他们一辈子都不会忘记了。

（五）归纳法

就是把同一时间发生的事情归到一起来记忆。例如，1689年发生的大事有：雅克萨之战，中俄签订《尼布楚条约》；英国颁布了《权利法案》；彼得大帝进行改革。或者把某一事件的各个方面归纳起来进行记忆。例如，学习英国资产阶级革命，就把原因、导火线、开始时间及标志、领导人、经过、结束时间及标志、意义等综合起来再进行记忆。这种方法又称为线索法或网络法，就是用一根线把有关知识串起来，就不显得零散。

（六）联系法

学历史，不能只单一地、静止地识记，而应该加强纵向和横向联系。学世界历史，要善于联系中国历史，学中国近代、现代史，要善于联系中国古代史。只有经常进行知识的联系、综合，才能整体地把握知识。例如，学习1919年召开的巴黎和会，就要马上联系到中国的五四爱国运动，因为五四运动的导火线就是中国在巴黎和会上外交的失败；又如，学习完日本的明治维新，马上联系中国的戊戌变法来进行比较，看它们有哪些相同点和不同点。这样不仅能培养学生的综合能力，还能探究事件的本质，对历史问题理解得更透彻，更便于记忆。

再来说说解题技巧：有部分学生记住了基本知识点，可考试成绩还是不理想。这是因为他没有掌握解题技巧。现在历史题目出得较活，选择题题干比较长，但一般来说，只要找出了“关键词”，就能正确答题。所以找关键词很重要，要多培训。还有一些选择题，可以通过排除法做出来，也要学生学会这种方法。至于材料解析题和问题探究题，一定要指导学生多次阅读材料和题目，也找出一些关键词，帮助自己解题。并要好好理解题意，才下笔答题。

我相信，在初中历史学科教学中，只要激发了学生的兴趣，把握了重点和难点，学生有了好的学习方法，就一定能构建一个高效的课堂。

线上教学中我创建的“三享”课程

摘要：根据教育部“停课不停学”的要求，今年开学延期，但居家隔离的日子要开展好线上教学。如何让线上课程有趣、有料？如何让学生积极参与线上学习，做到有效？作为七年级班主任，我试着行动起来创建了“三享”课程：第一，动手做，享受美食，舒缓精神压力；第二，动脚跳，享受健身，打造强健体魄；第三，动脑读，享受阅读，增长知识才干。因为有效，这个课程要延续到开学后线上线下继续拓展推进，实现师生全面发展。

关键词：享受美食；享受健身；享受阅读；立德树人

根据教育部“停课不停学”的要求，今年开学延期，但居家隔离的日子要开展好线上教学。如何让线上课程有趣、有料、有效？如何让学生积极参与实现有效性？作为七年级班主任，我试着行动起来创建了“三享”课程。

第一，动手做，享受美食，舒缓精神压力。

因为新型冠状病毒肺炎的突然出现，全国上下人心惶惶；随着疫情发展，不少学生和家长都出现了心理不适，不少人沉溺于网络游戏和追剧中，家长也跟我诉苦，说孩子日子过得昏天暗地。眼看宅家无聊，食物也单一，我萌发了做美食的念头，一方面让学生动手做，有体验；另一方面享受美食，可以舒缓精神压力，亲子活动还可以缓解家庭矛盾。刚好家长群里有高手，于是让家长带领着孩子动手做美食，开展美食大“晒”，评选做美食高手。孩子们乐了，最经典的是做酸奶、蛋挞和蛋糕。

先看看王奕晨同学在家长的指导下做的酸奶吧。

（一）做酸奶

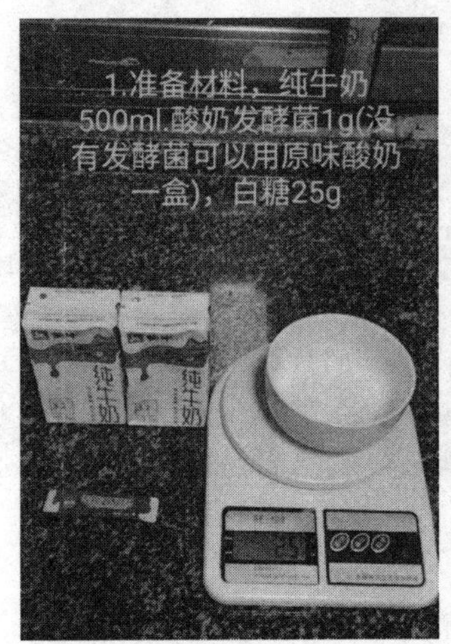

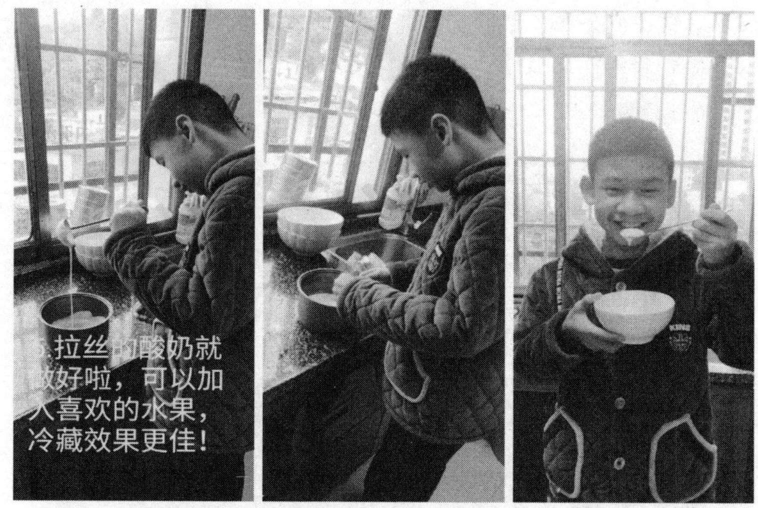

酸奶做得怎么样？您有答案了吧。

酸奶做成功了，这个孩子可有干劲了，马上又到群里推广做蛋挞了。

（二）做蛋挞

1. 基础配方

纯牛奶 100 毫升、白糖 20 克、鸡蛋 1 个，这个量可以做成 8 个 20 克的蛋挞。平常可以根据实际人数所需，在这个基础配方上去同比例增加或者减少食材。这次展示的在基础配方上翻了 5 倍。也就说，用了 2 盒牛奶、5 个鸡蛋、100 克白糖。

2. 步骤

第一步：把牛奶、鸡蛋、糖混在一起搅拌，搅拌均匀之后，用筛子过滤，这样蛋挞液会比较细腻，过筛三遍，这个蛋挞液就准备好了。也可以根据自己喜好放入椰果、蓝莓之类的食物。

第二步：把蛋挞皮从冰箱里拿出来解冻，然后把它单排单列整齐摆放好（这样方便倒入蛋挞液）。

第三步：烤箱指令到 200℃，预热 10 分钟。然后就把装好模型的生蛋挞放入烤箱去烤。

第四步：烤箱200℃左右烤20~25分钟。喜欢吃嫩一点就直接缩短时间或者温度降低一点。如果喜欢吃老一点，就适当地延长时间或者调高一点温度，一般就是200℃~220℃，烤20~25分钟就行了。

独乐乐不如同乐乐。您学会做蛋挞了吗？

两种美食激发了孩子们的热情，他们动手动脑积极参与，家长也非常配合。在制作的过程中遇到了困难，还会找“度娘”解决，有的还下载了“下厨房”APP，准备大显身手。我也收获了不少，看看我的作品吧：

（三）做蛋糕

配方：鸡蛋2到3个，面粉250克，酵母3克，然后适当加点牛奶，加白糖或者红糖适量。

步骤：把上述原料充分调匀。如果和面和得湿一点，口感就松软一些，和面和得太干太硬了，那蛋糕就显得粗糙一些。等到混合的原材料发酵至两倍大时，直接放到电饭锅上煮熟即可（如果有蛋糕功能的按蛋糕功能键，没有的直接按做饭功能键也可以；如果混合的液体很稀，可以跳闸后再煮一次或者半次的时间，根据个人口味喜好而定。也可直接放到蒸锅上蒸熟）。

经验分享：原来我一直没有做成功，是因为没有掌握好时间和温度。刚好这个寒假时间长，就慢慢摸出规律来了，低温天气的话要放在30℃的环境发酵，要不然不会成功。如果你要想蛋糕松软一点的话，还可以加点猪油。因为猪油的熔点低，一加热它就可以散发，可以让这个蛋糕更松软。还要注意一点的是，煮熟后的蛋糕，稍微冷却几分钟后再开盖子，否则会因为迅速预冷而缩小。还可以根据个人的口味，加点芝麻、葡萄干、红枣、枸杞之类。以下是我和孩子们的杰作：

最后这个最吸引那些嘴馋的孩子了，我答应他们如果寒假作业完成得好的，开学要奖励我亲手做的蛋糕一个（里面有神秘物质的绿色食品），这个诱惑好大呀，他们学习的热情高涨。

一个动手做，孩子们体验了劳动的苦与乐，享受美食的同时也舒缓了精神压力，我也尝到了甜头，于是想到了第二个享受。

第二，动脚跳，享受健身，打造强健体魄。

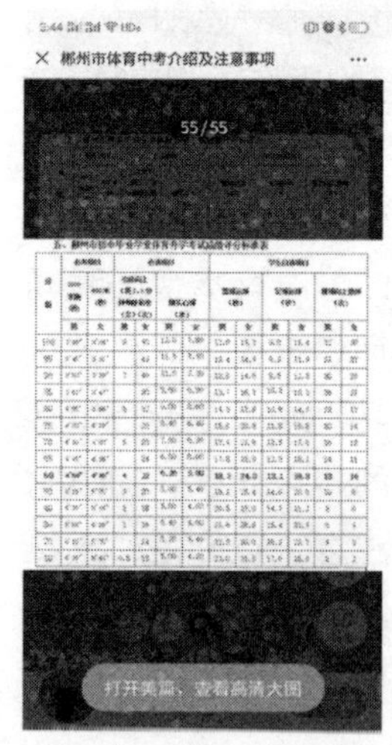

我班上有几个胖子，平常不爱动，一跑步就想开溜，有的同学有时候上午10点钟打电话过去还没有起床，还有些“豆芽菜”似的黄毛丫头、愣头青。我琢磨着身体是革命的本钱，一定要让他们动起来，开展健身运动，让他们有一个为今后学习、工作、生活都打基础的强健体魄。

首先，我在家长群讲，疫情形势下，考验的就是身体的免疫力，身体素质好的，抗病能力就强，百毒不侵。得到家长的支持和认可后，再公布初三体育测试的标准，强调重要性（体育测试要满分才按50分录入升学考试总成绩，而且预计以后所占比分的比例还会增加）。我号召大家在宅家的日子按着测试项目去打卡锻炼，家长监督，健身目标是体育考试不丢分，为升省示范性重点高中打基础。在这个基础上，女生跳绳、做仰卧起坐的多起来了，还说开学要跟我 PK，男生在家也可以训练原地跳高摸高，在阳台返身快速跑。为了激发他们的兴趣，我自己拍视频跳《五行养生健康操》，也鼓励他们互相 PK。还引导他们到“学习强国”上看体育专业老师的专业课《为了国民体质健康，我们必须行动起来》《爵士舞》《学习健身练搏击》等网课。这些网课都是世界级大师的名优课，孩子们可喜欢了，纷纷参与了进来，还说我的体型不够好，推荐我参加“身所传媒”的知识店铺公益直播间，每天打卡训练体型。

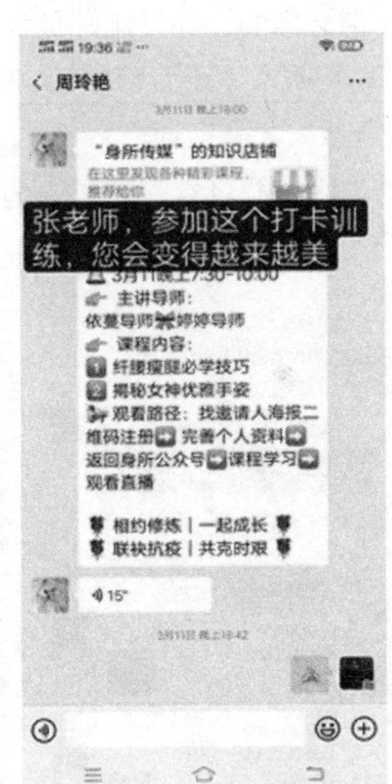

孩子们的单纯和热情感动着我，我自己也开始了线上的打卡训练，到现在已经 10 多天了，您看看我变美了吗？

身体的活力激发出来了，我跟他们约定，坚持锻炼不生病，不让父母担心，如果有一点感冒的征兆就多喝开水。还真的有效，一个寒假，班上没有感冒、发热、咳嗽的孩子，我也开心好多。要知道去年甲流的时候，我班上请假的不断，可是差点要停课了。

身体好，真的好享受，我又琢磨着如何让他们爱上学习呢？

第三，动脑读，享受阅读，增长知识才干。

孩子们阅读的兴趣和习惯没有养成，那就从自己和家长带头做起吧。我开始在群里示范读书，展示自己的读书笔记，并且没事就来一段美文分享，周末还推荐好书给家长阅读。一开始没有什么动静，慢慢地，一部分基础好的同学带动起来了，家长也带动起来了，因为他们享受到了阅读的乐趣。原来，书本上好多知识是非常必需的，而且刚好是解决他们教育或学习困惑的。比如《解码青春期》《正面管教》，家长非常受益；比如《终身成长》《情绪急救》《第三选择》《运动改造大脑》，都是非常适合亲子共读的。因为我推荐给他们的都是有料的好东西，是经过我精挑细选的。看看我的推荐吧：

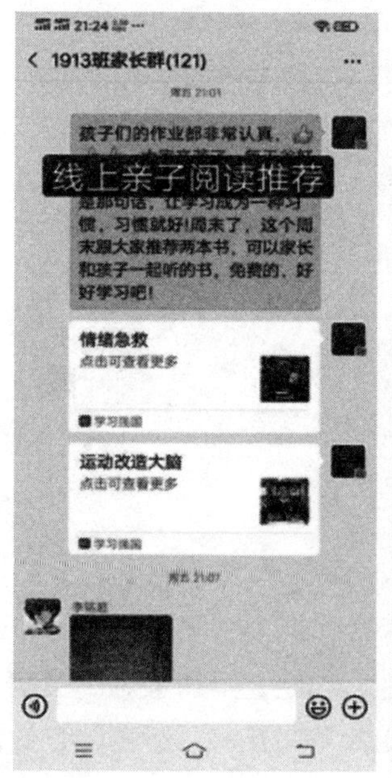

1913班家长群(121)
线上随时学法指导
学好语文，就这三个秘笈!
众所周知，教育改革，高考改革，语文的地位堪称重要，甚至有人说：得语文…
在于PPT

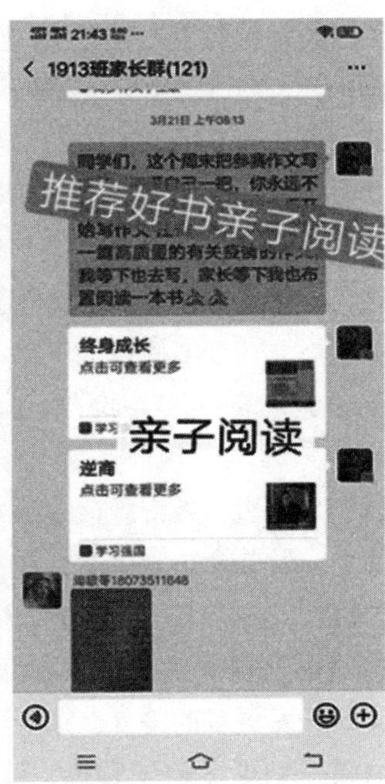
1913班家长群(121)
推荐好书亲子阅读
终身成长
点击可查看更多
亲子阅读
逆商
点击可查看更多
学习强国

1913班家长群(121)
A. 498元/把 B. 400元/把
做了的私聊我
美篇推荐
父亲，我一生的启明星
点击可查看更多
学习强国
晨读开始了吗？同学们，起床了
收到

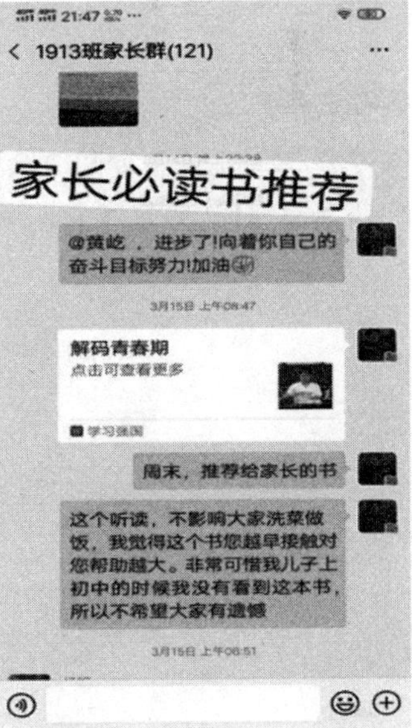
1913班家长群(121)
家长必读书推荐
@黄屹，进步了!向着你自己的奋斗目标努力!加油
解码青春期
点击可查看更多
学习强国
周末，推荐给家长的书
这个听读，不影响大家洗菜做饭，我觉得这个书您越早接触对您帮助越大。非常可惜我儿子上初中的时候我没有看到这本书，所以不希望大家有遗憾

为了给他们推荐好书、范文，我要在他们之前阅读、筛选。在阅读中我丰富了知识，汲取了丰富的精神能量。最重要的是，榜样的力量是无穷的，家长和学生都带动起来了，他们纷纷加入到了“动脑读，享受阅读”的行动中。他们的加入给了我莫大的鼓励和支持，家长的进步更是一种家校互动、亲子共进的良性循环，这个效果之大是我所没有想到的。

就这样，一个寒假我忙乎着，充实而快乐，因为我感觉到自己就像“樊登读书会”那样有了影响力，这不正是一个老师最需要的嘛。

教育是什么，教育应该是给人终身成长的力量，给人获取幸福的能力。做美食热爱生活，搞锻炼强身健体，强阅读开阔眼界和提升能力，这不正是立德树人的基础嘛。所以，我决定这个“三享”课程还要继续开发拓展下去，开学后线上线下继续努力，我们还要开发更多的美食，享受更多更美好的生活。每一次享受都带给孩子们更多的光和热，让每一个孩子都在阳光下茁壮成长，我自己也逆袭成为最好的自己，美美哒！

参考资料：

1. 学习强国上的部分体育资料及“樊登读书会”资料。
2. 下厨房 APP 的短视频。

（此文写于 2020 年 3 月疫情期间）

运用信息技术　活化历史课堂

——我在历史教学中信息技术运用的几点方法

历史课引入信息技术，不仅能让学生通过信息技术了解更多的历史事件，扩大教学容量，还可以让学生体会到历史与现实的衔接，学会通过信息技术学习历史、认识历史。在历史教学中应如何充分运用信息技术，活化历史课堂？我的做法是：

1. 运用歌曲或剪辑的视频导入课堂，激发学生学习的兴趣。比如在上八年级下册第12课《对外开放格局的形成》时，播放歌曲《春天的故事》；第15课《民族团结的加强》播放歌曲《爱我中华》，效果都非常好。

2. 运用PPT幻灯片提问导入，节省时间。

3. 运用PPT做课堂小结或者上单元复习课，可以构建知识网络，还可以节省板书的时间，而且清楚、醒目，便于学生记笔记。

4. 运用实况转播或者领导人的谈话，突破难点。比如八年级下册很多政治性的问题，中共中央的一些决策、会议，可以通过视频生动形象地展示，通过伟人的经典语言来突破。

5. 相关经典练习制作成PPT幻灯片，可以扩大课堂容量，节省时间，还可以展开抢答赛。

6. 利用图片、材料等信息，创设情境，活化课堂内容。在历史教学中引入信息技术后，由于信息的承载大大增加，突破了传统的束缚，整合了多重信息，从而使历史课内容精彩纷呈，开阔了学生的视野，从多渠道为学生展示了一个历史事件的来龙去脉，让学生从多条渠道掌握历史事件。

7. 提前将试题或者试卷的答案制成PPT幻灯片，可以用于试卷讲评或者试题分析，节省了时间，扩大了容量，效果好。

总之，准备一节好的多媒体课件虽然很费时间，但“磨刀不误砍柴工”，准备好了，上课时就轻松了，而且效果好。怎么样，还不赶快试试？

初中历史导言课

——走进初中历史（教学设计）

一、教学目标

1. 知识与能力：知道什么是历史，掌握不同途径获取历史知识的方法（阅读法、参观访谈法、观察思考法、研学旅行法）。了解学习历史的基本方法（博览群书加强研学法；标题入手，关键词阅读法；古今对比，中外联系法；以史为鉴，学以致用法）。

2. 过程与方法：通过老师讲述、学生讨论，得出学习历史的方法，以史为鉴，学以致用。

3. 情感态度价值观：重视历史学科的学习，学会活学活用历史知识。

二、教学重难点

重点：认识历史课的重要性和掌握学习历史的基本方法。

难点：学习方法的活学活用是一个长期不断培养的过程。

三、教学过程及要点

同学们好！首先祝贺同学们迈进了中学的大门，成长为一名中学生。（自我介绍）我姓张，是你们的历史老师。咱张姓的历史还真不简单。我的老祖宗是黄帝的第五个儿子，相传他造弓箭很厉害，就给赐姓张了，你看看这个字的写法就是一个弓箭的“弓”，加上一个“长”字，也就是说以制造弓箭而见长。这个是我的个人名片，历史这门课将把我们联系在一起，我在课堂上是你们的老师，课后是你们的朋友。

导入：毛泽东的诗词里有这么几句：“惜秦皇汉武，略输文采；唐宗宋祖，稍逊风骚……俱往矣，数风流人物，还看今朝。”你们知道秦皇汉武、唐宗宋祖是谁吗？没错，今天开始我就要带领大家开启初中历史的学习之旅，走进初中历史。(板书标题)

两千多年前，古希腊哲学家柏拉图发出了人生三问：“我是谁？我从哪里来？我要到哪里去？”今天我也要给大家解决 3 个问题：什么是历史？为什么学习历史？怎样学习历史？

先来解决第一个问题：什么是历史。(播放视频)

在学生讨论的基础上小结。

(一) 什么是历史

英语：History——“His story”

释义：历就是过去的，经历的；史就是事；发生过的事情就是历史。

第一层面是指过去真实发生过的事情，是不以人的意志为转移的过去真实发生过的事情，具有客观性，包括自然和人类社会发展的历史。

第二层面是用文字或其他方式记录的历史，是人们依据史料对过去发生过的事情的记载或撰述，带有一定的主观性。

历史不仅是指过去的事实本身，更是指人们对过去事实的有意识、有选择的记录。

(板书) 历史是人类活动的连续记录。

看来，历史知识包罗万象，学历史的人需要上知天文下知地理，那么多，会不会好难学？为什么要学习历史？我们一起来解决第二个问题。

(二) 为什么要学习历史 (抛出问题，学生讨论，老师小结)

作为一个人，我们有必要了解自己从何而来，了解人类社会；作为一名中国人，我们有必要了解我们民族的历史。

个人的历史构成民族的历史，各个民族的历史又共同铸就了人类的历史。

历史作为全人类的集体记忆，它承载着巨大的精神财富，就像人的记忆和灵魂，我们绝对不能做一个失忆的、没有灵魂的人。

以史为镜，可以知兴替。——唐太宗

忘记历史就意味着背叛。——列宁

历史是最让人清醒的教科书。——毛泽东

读史可以明智。——培根

(板书) 学习历史的意义：丰富内涵，提高能力，指引生活。

教师补充讲述学习历史的意义。

历史学科具有怎样的魅力呢?

1. 丰富内涵，提高生活的品位

我昨天在《报刊文摘》上看到一幅漫画：两个人，面对面，站着的是“商”人，坐在沙发上的是当官的“官”人，这漫画要讽刺的是“官商勾结的权钱交易”现象，两人都有“贡献”的名分，商人把“献”字中的“羊”献给官人，而官人则把“贡”字里的“贝”换给商人。领会这幅漫画的主旨，需要对“贝”的寓意作历史的解释，如果你不知道“贝”代表“币”，而只是以为官人给商人的是“贝壳”，这种解读就是对牛弹琴。

2. 提高能力，打开国际视野

经济全球化浪潮中，跨国公司的商品倾销全球，这里面就有一个研究各个市场区域文化习俗与禁忌的问题，所以，许多跨国公司不仅有技术开发的部门，还有研究文化的顾问。如有一种轿车叫“雪佛兰”，它的标签是“+”，我的几个朋友就说这车性价比不错，就是这个标签看起来有点像救护车，买的话心理有障碍。事实上，街面上这个车还是挺多的，说明它确实优质，但是如果不是这个标签，肯定会卖得更好。设想 10 年、20 年以后，也就是你们大显身手的时候，为了打造中国的国际品牌，在强调科技创新的同时，可不要忘记了文化的研究。

3. 读史明智，指引生活

在这个全球化的时代，世界是和平的，但世界并不太平。通过历史教育，感受中国古代的“辉煌”，反思近代以来中国所遭受的屈辱以及我们的先辈为实现民族独立和民族复兴而走过的百折不挠、前仆后继的艰难历程，可以增强我们这一代人的历史使命感；通过历史教育，感受世界历史时代脉动，反思近代以来科技革命的浪潮以及现代性转型的历史进程，可以哺育我们这一代人的现代意识和公民意识。历史教育的重要任务之一，是要培养一代能以国际视野为前提、以实现国际正义与和平为目标、以维护民族正当利益为实质的中国人。

说了这么多，我知道大家一定迫不及待地想学习历史了，那么学习历史有什么方法吗？

（三）学习历史的方法

1.（板书）博览群书，加强研学法

提问：我们可以通过哪些途径了解历史？

小结：课堂和课本、课外历史书籍、参观文物古迹和博物馆、观看历史专题片和严肃的影视作品、口述历史、收藏文物……

在博览群书的时候，还要学会运用“六何”法读书，老师讲述“六何”法：

何时（时间，when）

何地（空间，where）

何人（人物，who）

何事（事物，what）

何因（为何，why）

如何（怎么，how）

请同学们阅读第一单元导语部分，试着划分一下。

具体到历史事件的分析，还要注意历史事件分析记忆“六要素”：原因（背景、条件）、经过、内容、结果、性质、意义（影响、作用）。

对于历史的态度：了解、理解、换位思考。

下面以教材为例，告诉大家第二个方法：

2.（板书）标题入手，关键词阅读法（教师引导学生以单元标题为例介绍如何抓关键词）

七年级上册历史课本内容：

4 个单元

第一单元　史前时期

第二单元　夏商周时期

第三单元　秦汉时期

第四单元　魏晋南北朝时期

强调历史教材编排的时序性，重视历史发展线索和特征：了解历史发展的基本线索和不同历史时期人类社会的基本特征，从而初步认识历史发展的基本规律。

以第一单元第一课为例，介绍教材不同内容的特点和作用：

巧妙用好 9 个部分，各尽所能：课前导语、课文主体、图表、相关史事、注释、知识拓展、问题思考、材料研读、课后活动。

单元导语：本单元宏观的核心内容，对本单元内容起着提纲挈领的作用。

课前导语：用简明的文字和简洁的语言情境导入，引出本课要学习的内容。

课文主体：小标题加上正文，详细叙述课文主要内容，是课文的重点和核心部分。

图表：各种插图和表格与课文内容相辅相成，对课文的主体起到一个补充说明作用。

相关史事：补充内容，加深对正文的理解。

注释：正文难以展开又必备历史概念、事件等需要补充说明的内容。

问题思考：紧密结合正文，简短设问，有助于学思结合。

材料研读：结合材料提出问题，学习阅读、分析材料，深入贯彻提升历史学科素养。

课后活动：分析和思考本课内容，总结提升，学有所思，学有所悟。

知识拓展：补充拓展一些相关的课外知识，丰富学生的知识面，激发延伸学习兴趣。

历史知识包罗万象，还要注意形成时空观念，可以利用大事年表和时间轴，这个方法也叫：

3.（板书）古今对比，中外联系法

举例课文最后的大事年表，并示范时间轴，告诉学生绘制时间轴的方法，培养学生的时空观念及全球史观。

最后还要告诉大家一个最常用的方法：

4.（板书）以史为鉴，学以致用法

播放视频。(怪口历史)

课堂小结，今天，我们学习了什么？（学生复述课堂主要内容）

今天给同学们介绍的4种学习方法，需要大家好好去落实。当然，具体到我们平常的学习，我还想提醒大家以下几点：

（1）读：精读教材，由厚到薄，不留死角。

（2）思：大胆质疑，小心实证。

（3）听：先预习，然后上课有针对性地听。

（4）写：做好课堂笔记。

（5）讲：上课集中探讨，大胆发言。

（6）温：课后认真复习（提问）。

好了，今天的课就上到这里了，咱们下次课再见。

板书设计

走进初中历史

一、什么是历史——History，历史是人类活动的连续记录。

二、为什么学习历史：丰富内涵，提高能力，指引生活。

三、怎样学习历史：

1. 博览群书，加强研学法；
2. 标题入手，关键词阅读法；
3. 古今对比，中外联系法；
4. 以史为鉴，学以致用法。

（本课所用教材系 2019 年人教版《中国历史》第一册）

《走进初中历史》
一课的设计意图及教学反思

一、设计意图

历史课对初一学生来说是一门新的课程，小学阶段没有系统学习过。导言课的目的在于指导学生了解什么是历史、为什么要学习历史、怎样学习历史，从而调动学生学习历史的兴趣，为今后历史课学习指明方向和打下基础。

二、教学反思

现在九年义务教育历史教科书没有了导言课，而我认为上一节导言课非常有必要：这是小学升初中第一节课衔接教育的需要，对初一新生介绍历史这门课程的特点、重要性及学习方法是非常必要的，一方面让学生引起重视，另外一方面可以激发学生学习的兴趣，让学生掌握一些学习历史的基本方法。可谓磨刀不误砍柴工，导言课有助于学生尽快适应初中历史学习。

导言课一定要引人入胜。教师对教科书的深入理解、巧妙运用以及课堂教学的精心组织是完成教学任务的关键，其中，教师的情感投入尤其重要。

这一课也是中小学教学联系的桥梁，一定要唤起学生对已有的知识和观念的回忆，进而起到同化新的知识和观念的作用。在教学设计上，根据教科书提供的便利，可以带学生沿着从感性到理性的认识路线，以史实为思维材料，论从史出，不要空谈。

我试图从这第一课起，就为建立亲切合作的师生关系、教学关系而努力。我深信爱屋及乌的道理，如能使学生喜欢自己，也常常会使他们推其爱而爱上这门课。第一课也要开始为学生早日真正能以探求的态度成为学习的主体而创造条件。例如，认识学习历史的意义、学习历史的方法等，都是让学生自得其论，对学习方法的理解也是通过具体事例分析及独立地运用来讲述。教科书编排的内容丰富、语言生动、形式活泼，只要加上教师对教科书的再创造，就可为学生学习的主动性提供最大的可能性。

本节课的不足之处是：录制的视频效果不是很好；借来的学生，师生双边互动还不够。

综合实践活动课《红色宜章》说课稿

一、说“活动主题的确定”

我们湖南是红色旅游大省、伟人故里，而郴州宜章又是湘南起义的策源地。2010 年中国（湖南）红色旅游节暨“红色湘鄂粤、高铁一线牵”大型主题活动在郴州宜章隆重举行。为了更好地弘扬我县“红色文化”，积极参与县委、县政府提出的创建“宜业、宜居、宜游、宜文章”的新宜章活动，我校决定开展“红色宜章”社会综合实践活动。开展这一活动能让学生走出校园探寻红色记忆，从而了解宜章热爱宜章，达到培养“红色”下一代的目的。

二、说“活动目标”

1. 认知目标

让学生了解宜章的红色人文景观，积淀红色文化。

2. 能力目标

通过阅读、参观、访问、主题班会等活动，培养学生的学习能力、实践能力、创新能力。

3. 情感目标

通过本综合实践活动，让学生感受到家乡的人文美和时代美，激发学生对家乡的热爱之情，树立为振兴家乡而勤奋学习的远大理想。

三、说“设计理念”

1. 本土性、趣味性

利用宜章的红色旅游资源，拓展学生的学习空间，激发学生探究的兴趣，培养学生爱家乡的情感，帮助学生树立建家乡的理想。这体现了地方的特色，也是校本课程开发的需要。

2. 实践性、综合性

综合实践活动，涉及的知识面广，使课内与课外、校内与校外有机地结合起来，进而在实践中实现了文化学习与品德培养的统一，理论学习与实践学习的统一，全面发展与个性发展的统一，即文德兼备、知行合一、统而不死。

四、说“活动重点、难点”

重点：掌握红色宜章的内涵，培养学生爱家乡的情感。让学生明白今天的幸福生活来之不易，促进学生努力学习，为家乡美好的明天而奋斗。

难点：活动涉及的知识面广；外出活动的安全问题；学生素质参差不齐，在活动中，难免有少数同学看热闹、走过场，影响实效。

五、说“活动过程”

第一阶段：阅读书籍，查阅资料

1. 布置学生阅读相关书籍：《湖南史话》《郴州历史》《湖南地方文化常识》《宜章县志》《骑田烈火——记湘南暴动》《楚粤孔道——宜章》《湖南烽火》《宜章风采》。

2. 提供相关网址：宜章新闻网、红色旅游网，让学生学会到网上收集相关资料。

（设计理念：这一环节，实践活动前让学生开展阅读活动，有助于激发学生探究的兴趣，在指导学生有针对性的阅读、思考中，注意渗透德育，积淀红色文化。为下面的综合实践活动创设了一个良好的基础。）

第二阶段：组织纪念活动，感悟红色魅力

1. 开展学唱红歌活动；

2. 清明节祭奠革命烈士活动；

3. 到光荣院走访老革命活动；

4. 组织学生参加2010年中国（湖南）红色旅游节大型主题活动。

（设计理念：这个环节，学生参与的热情高，远比空洞的说教效果好。让学生认识家乡、走进社会、了解社会、开阔视野，在活动中乐于合作、学会分享。）

第三阶段：红色旅游，红色传承

带领学生到县城附近的几处红色景点参观：（1）湘南年关暴动指挥部旧址；（2）湘南起义纪念馆；（3）邓中夏故居。同学们身临其境，看一看古色古香的建筑，摸一摸简陋的武器，再加上解说员通俗生动的解说，学生们感同身受，与这些伟人的距离拉近了，对他们的故事备感亲切。

学生们还自由组合成几个小分队，奔赴大街小巷，请教亲朋好友，了解家乡的风土人情、民间故事和名人逸事等。

（设计理念：这个环节，赋予了新课标全新的教育理念。让学生在“游中学，学中游”，达到“寓教于游，润心无声”的境界。我们积极鼓励学生从课堂的象牙宝塔走向社会、自然的“十字路口”，把学习的触角引向多个角落，并充分利用本县“红教材——湘南暴动纪念馆”“活教材——健在的老革命”和丰厚的旅游资源，为我所用，进而激活了思维，使学生在异常兴奋中情感态度得到发展，说他们所见，述他们所感，为下面的综合实践活动创设了一个“和谐共融”的交流平台。）

第四阶段：展示才华，红色飞扬

在各班主任老师的协助指导下，举办“红色宜章”综合实践活动系列展览。让学生积极参与，分工合作，各展其才。于是，“红色宜章”导游词展、“红色宜章”摄影展、资料展、心得体会展、绘画展和文艺展便应运而生。

（设计理念：这一阶段承延前面在收集、旅游、访问等渠道获得的第一手材料的基础上，进行学习资源的梳理，并整合他人信息，达到资源共享、拓展思维的目的。为了使学生在探究中真正成为信息加工的主体，避免被教师“牵着鼻子走”，我不指手画脚，更不包办代替，让学生以主人翁的身份参与本次系列展览活动，培养了学生自主探究、乐于合作的精神。）

六、说“活动效果及优化措施”

综合实践活动是目标、过程和结果有机统一的过程，是学校、家庭和社会三管齐下有效教育的过程，是学生的知识、兴趣和能力协调发展的过程。在活动中，学生由“知家乡”到“爱家乡”进而升华到“建家乡”的境界。学生在综合实践活动中都发出这样的感慨：“经此一活动，胜读十年书。”“纸上得来终觉浅，绝知此事要躬行。”本综合实践活动也存在不太完美的地方。比如：学科间的交流学习还不够，游历红色景点过程缺乏一定的深度，未充分利用家长这一社会资源。为此，我校成立了以研学、劳技、语文、地理、历史、生物等学科为主的校本教研课程开发课题组，今后还要继续开展我县“红、绿、古、蓝”的社会综合实践活动。

家乡是每一个人一生的挚爱与牵挂，我愿继续带着我的学生感受家乡红色之魂、绿色之秀、古色之韵、蓝色之暖，一次又一次地走进家乡，了解家乡。

市一师一优课课例《红军长征》导学案

<table>
<tr><td>课题</td><td>第 14 课　红军长征</td><td>共<u>　1　</u>课时
第<u>　1　</u>课时</td><td>课型</td><td>新授</td></tr>
<tr><td>教学目标</td><td colspan="4">1. 掌握红军“第五次反围剿”的情况。
2. 掌握遵义会议内容和意义。
3. 理解长征精神。</td></tr>
<tr><td>重点难点</td><td colspan="4">重点：红军长征、遵义会议。
难点：长征精神。</td></tr>
<tr><td>教学策略</td><td colspan="4">多媒体创设情境、自主交流学习、练习巩固</td></tr>
<tr><td colspan="4">教学活动</td><td>课前课中反思</td></tr>
<tr><td colspan="4">一、练习反馈
二、自学交流
1. 红军长征
（1）原因：________。
（2）时间：______年 10 月至______年 10 月。
（3）经过：①红一方面军（主力）从______、______出发，过湘江，转贵州，四渡______，巧渡______，终于跳出敌军的包围圈，后又抢渡______，飞夺______，爬______，过______，在陕北______与陕甘红军会师。</td><td></td></tr>
</table>

教学活动	课前课中反思
②从______出发的红四方面军与从湖南______出发的红二方面军在甘肃______与红一方面军会师，标志着长征胜利结束。 (4) 意义：保存了______的基本力量，使中国革命转危为安，为开创中国革命新局面奠定了基础。 2. 遵义会议 (1) 时间：______年1月。 (2) 内容：军事上批评了______等人的军事错误，肯定了______指挥红军作战基本原则；组织上增选______为政治局常委，会后成立了______、______、______组成的三人军事小组。 (3) 意义：确立了以______为首的党中央的正确领导，挽救了党和红军，成为______________________________。 三、交流提升 1. 某中学举行“重走长征路”活动竞赛，下列取材不当的是（　　） A. 四渡赤水河　　B. 飞夺泸定桥 C. 翻越雪山　　D. 会师井冈山 2. 中央红军长征路线是（　　） A. 瑞金—遵义—赤水—金沙江—大渡河—会宁 B. 瑞金—贵州—大渡河—金沙江—吴起镇 C. 乌江—赤水—金沙江—大渡河—雪山—草地—吴起镇 D. 井冈山—遵义—大渡河—腊子口—会宁 3. 今年是长征胜利75周年，回顾长征之路，追寻红色记忆，当年中央红军巧渡金沙江，从此（　　） A. 确立了毛泽东在党中的领导地位 B. 使中国革命转危为安 C. 粉碎了敌人消灭红军的企图 D. 跳出敌人包围圈 4. 以下是红军长征中的重要历史事件，它们的先后顺序是（　　） ①遵义会议　②过雪山草地　③四渡赤水　④吴起镇会师 A. ①②④③　　B. ②①④③ C. ②①③④　　D. ①③②④	

<table>
<tr><td colspan="2">教学活动</td><td>课前课中反思</td></tr>
<tr><td colspan="2">5. 宣告红军三大主力胜利会师、长征结束的事件是（　　）
A. 四渡赤水　　　B. 巧渡金沙江
C. 会师吴起镇　　D. 会师会宁
6. 长征途中“中国共产党历史上生死攸关的转折点”是指（　　）
A. 遵义会议　　　B. 会宁会师
C. 巧渡金沙江　　D. 四渡赤水
四、浏览巩固
材料分析：阅读毛泽东的《七律·长征》：
红军不怕远征难，万水千山只等闲。五岭逶迤腾细浪，乌蒙磅礴走泥丸。金沙水拍云崖暖，大渡桥横铁索寒。更喜岷山千里雪，三军过后尽开颜。
请回答：(1) 中国工农红军为什么要长征？
(2)“金沙水拍云崖暖”所反映的历史事件有何军事意义？
(3)“大渡桥横铁索寒”反映了长征途中的哪些军事行动？
五、达标抽测
你认为长征精神有哪些？</td><td></td></tr>
<tr><td>课后反思</td><td colspan="2">弘扬长征精神，建设美丽宜章。</td></tr>
</table>

《红军长征》一课的授课过程及设计意图

老师：同学们，在上课前，请大家欣赏歌曲《长征》主题曲《十里送红军》(播放)，并请同学们阅读书本第122页第一段，思考归纳：红军为什么要进行长征？	创设情景，设置悬念，以利于集中学生注意力，激发学生探究兴趣。
学生：由于王明夺取党中央领导权和“左”倾冒险主义的危害，使第五次反围剿失利，长征开始。 教师：1934年10月，红一方面军（即中央红军）8万多人从江西中央革命根据地出发，开始长征（多媒体显示）。请看一段录像《长征》(播放录像)。	运用读书指导法，是遵循发展个性、回归主体的教育理念，以强化学生主体作用，引导学生自主学习，自我成功。同时，通过教师的启发诱导，使学生对知识的发展过程做到心中有数，教给学生获得知识的方法。
学生：(观看录像)	
师：长征过程中是什么事件在极其危急的关头挽救了党，挽救了红军，挽救了中国革命？ 学生：是遵义会议。	使学生了解基本的知识，对长征有初步的认识。
老师：为什么说遵义会议是中国共产党历史上一个生死攸关的转折点？请同学分组讨论后回答。	播放录像，使课堂生动活泼，引起学生思维共鸣，创设具有探索因素的问题情景，激发和鼓励学生进行探索性的智力活动。

学生：(讨论并回答) 遵义会议纠正了军事上和组织上的“左”倾错误，肯定了毛泽东的正确主张，改组了中央领导机构，选举毛泽东为中央政治局常委，张闻天负总责，撤销“左”倾路线领导人博古、李德的军事指挥权。遵义会议后，又成立由毛泽东、周恩来、王稼祥组成的三人军事指挥小组，负责指挥红军的军事行动。因而，遵义会议结束了王明“左”倾错误在党中央的统治，确立了毛泽东在红军和党中央的领导地位，是中国共产党从幼稚走向成熟的标志。	通过分组讨论，自主学习，引导学生读、议、悟，以发挥学生的主体作用，适应研究性学习的要求，从而使学生真正感受到上课不是被动地接受知识，而是心态的开放、主体性的突现、个性的张扬和创造性的释放。
教师：请同学们比较“八七”会议和遵义会议。 学生：(比较) 教师：比较了这两次重要的会议后，我们再看看遵义会议前后红军的军事行为及结果有什么不同?	通过对比归纳，教师对信息反馈及时鼓励，或纠偏或弥补，指导学生主动参与，培养学生收集、分析、处理信息的能力和语言表达能力，真正突出学生的主体作用和教师的主导作用，使学生的认知得以提高，从而升华教学。
学生：前：犯了退却中的逃跑主义的错误，付出了惨重的代价；后：进行了灵活机动的运动战，克服了重重困难，取得了长征的胜利。 教师：哪些事实说明长征取得了胜利? 师生：(共同完成)	教师运用承上启下的提问，有利于前后知识的衔接，便于学生从整体上把握知识，把难点化整为零，同时有意设置阶梯，迁移知识，层层设问，以问助讲，以问促学，通过阶梯步步登高，使难点的突破水到渠成。

四次会师 1935 年 6 月，红一方面军与红四方面军在懋功会师。 1935 年 10 月，红一方面军与陕北红军在吴起镇会师。	突出重点，解决学生在学习中的难点，充分运用多媒体，给学生提供完整的知识体系。
1936 年 7 月，红二、六军团与红四方面军在甘孜会师。 1936 年 10 月，红四、红二与红一方面军在会宁会师。	注重人文素质的培养，使学生形成积极向上的生活态度，以逐步树立正确的世界观、人生观、价值观。
教师：(幻灯片呈现上述内容) 教师：红军长征在克服了重重困难后，终于取得了胜利。请同学讲讲在长征过程中红军战士的感人事迹。 学生：(讲故事)	引导学生主动学习，培养学生主动思考、分析、演绎等思维能力。
教师：是呀，“苦不苦，想想红军两万五；累不累，学学革命老前辈”。红军战士克服了重重困难，终于取得了长征的胜利。请同学们结合书本来说一说红军长征胜利的伟大历史意义。	用多媒体，提高教学时间的利用效率，帮助学生理解掌握教学重点，突破教学难点，拓展思维，开发智力。
学生：红军长征的胜利具有伟大的历史意义，长征保存了党和红军的基干力量，使中国革命转危为安；“长征是宣言书”，宣告了中国共产党和中国工农红军是不可战胜的力量；“长征是宣传队”，它宣传了中国共产党的革命理论和政策；“长征是播种机”，它到处播下了革命的火种。	提供丰富的感性材料，加速学生感知和理解的进程，同时扩大了学生的知识领域。

教师：（多媒体显示上述内容）问：课文中有哪些句子是你不能理解的？ 学生：为什么说“长征保存了党和红军的基本力量”？	培养学生用辩证的全面的观点看问题的能力和举一反三的思考能力。
教师：（多媒体显示）“我们红军像经过了一场暴风雨的大树一样，虽然失去了一些枝叶，但保存了树身和树根。” ——周恩来	用归纳的句子，帮助学生形成完整的知识体系。
学生：为什么说“长征是播种机”？ 教师：（多媒体显示）“万里遍撒革命种，到时定收千斤粮。” ——毛泽东 教师：红军主力长征后，留下的红军游击队进行了艰苦卓绝的斗争，支援了主力红军的战略大转移。 教师：这一节我们主要学习了什么内容？请同学们归纳。	教师点拨启动学生的思维，让学生参与本框内容的重温和梳理工作。通过归纳总结，学生将所学的知识系统化，明确重点及知识点的内在联系。同时，学生小结是为了更直接体现学生的主体作用，以利于培养他们的综合能力及勇于思考、善于思考的学习方法及技巧。
学生：（归纳）学习了红军长征和遵义会议，理解了遵义会议是中国共产党历史上一个生死攸关的转折点和红军长征胜利的历史意义。	立足教材，结合实际，培养学生理论联系实际的能力。
教师：学习了本课的内容后，请说说在新的历史时期，长征精神应该是什么？ 学生：（讨论）不怕困难，发扬革命的英雄主义精神；将人民的利益、国家的利益放在第一位……	引进社会生活中的热点，使学生立足教材，面向社会实际，是培养学生创新意识的有效途径。
教师：在今天抗击“非典”的这场战斗中，我们应该怎么做？ 教师：（播放歌曲）请同学们再次欣赏歌曲《长征》主题曲《十里送红军》。	创设情景，促使学生思维活动进一步发展，实现对知识的深化与情感的升华，起到课断思不断、言尽意无穷的作用。

宜章榜山红军营地研学活动方案及小结

活动解读

宜章榜山红军营地，位于湖南省郴州市宜章县东部群山之中，距县城约 3 公里，红军营地依山傍水，环境安静舒适，接待设施齐全，师资力量雄厚，是一个全封闭式红色拓展营地、专业的红色文化研学活动中心。基地被宜章县宣传部认定为爱国主义教育示范基地（这里也是宜章八景之一——榜山晴旭）。我们可以依托丰富的红色资源，把理想信念教育、革命传统教育和地方红色资源开发利用相结合，创造性地开展集研学、参与、体验为一体的特色红色研学课程。

学情分析

湘南起义首义之地——湖南宜章位于湘粤交界的湖南省郴州市南部，1928 年 1 月“宜章年关暴动”揭开了湘南起义的序幕。1928 年 1 月 12 日下午 4 时许，宜章县城被一声响亮的枪声打破了沉寂。朱德、陈毅在中共宜章县委的紧密配合下，智取宜章县城成功，发动了宜章年关暴动，打响了湘南起义第一枪。

1. 学生已经知道一定的历史常识：宜章，是湘南起义的策源地，但是详情不清楚。

2. 强调宜章年关暴动揭开了湘南起义的序幕；在这里，成立了湘南第一个红色政权——宜章县苏维埃政府；在这里，组建了湘南第一支农军——工农革命军独立第三师。湘南起义是继南昌起义、秋收起义、广州起义之后，打响的武装反抗国民党反动派的又一枪，不仅保留了南昌起义的革命火种，而且也在一定程度上成就了井冈山斗争的丰功伟绩。

3. 学生基本上不知道红军长征经过宜章，补充相关知识，弘扬长征精神。

教学资源

1. 我以前上的课例《红军长征》视频。

2. 研学活动视频《重走长征路，永做革命人》。

3. 图片张珊丽老师的太极剑展示。

4. 推荐阅读书籍《红军名将胡少海》。

教学设计

教学目标

1. 通过观看展示图片和音像资料，深入了解湘南起义对中国革命的意义。

2. 认识朱德、陈毅为代表中国共产党人领导发起的湘南起义，从中诞生了许许多多的如林彪、粟裕、黄克诚、萧克、邓华、朱良才、杨至成、杨得志、赵尔陆、欧阳毅、曹里怀、唐天际等一大批共和国开国元勋和声名显赫的战将，从中真切体会到革命的艰辛和先烈的奉献精神。

3. 培养学生“热爱祖国、艰苦奋斗、团结协作、不怕困难”

的精神。

4. 通过参加研学活动，体验红军长征过程，弘扬长征精神。

教学重难点

1. 重点：讲解宜章年关暴动、红军长征及意义。

2. 难点：体验红军长征过程，弘扬长征精神。

板书设计

重走长征路，永做革命人

教学过程

宜章榜山红军营地研学活动

一、活动的导入

视频：介绍本次活动，补充一些乡土史的内容。

二、介绍本次活动的流程

介绍研学活动概况—介绍活动目的、要求—开展研学活动—体验红军长征模拟活动—解读长征精神—总结

宜章榜山红军营地研学活动安排表	
7：30~8：00	学生在家里吃完早餐，带好水和适当的干粮，8点准时到学校校门口集合（可以邀请部分家长参加）。
8：00~8：30	教师训话，介绍相关知识，提出活动要求。
8：30~10：30	行军到达榜山红军营地研学。
10：30~11：30	实景体验红军长征（血战湘江、重走红军路、飞夺泸定桥、爬雪山过草地、胜利大会师）。
11：30~12：30	唱红歌、跳红舞、吃忆苦思甜饭。
12：30~13：30	谈各自的心得体会，交流感想。
13：30~15：00	总结、返程、回家报平安。

三、组织学生到基地开展研学活动

四、活动小结

研学活动是目标、过程和结果有机统一的过程，是学校、家庭和社会三管齐下有效教育的过程，是学生的知识、兴趣和能力协调发展的过程。在研学中，学生由“知家乡”到“爱家乡”进而升华到“建家乡”的境界。学生在活动中都发出这样的感慨：“经此一活动，胜读十年书。”“纸上得来终觉浅，绝知此事要躬行。”

本次活动也存在不太完美的地方。比如：学习拓展不够，体验红军长征过程缺乏一定的深度，未充分利用家长这一社会资源。为此，我们还将成立以研学、劳技、语文、地理、历史、生物等学科为主的校本研学课程开发课题组，继续开展以我县本土各色资源为主的研学活动。

教学反思

信息技术与学科融合	还要加强信息技术学习，比如如何录课、制作微课，如何设计翻转课堂，如何当好主播。
教学（活动）过程实施	教学中的激趣导学很好，活动过程中师生感情交流好，家校沟通好。整个团队协作精神有了，孩子们一下子长大了。不怕困难，永做革命人，在人生前进的道路上，这次研学活动是一个里程碑。
教学（活动）创新	邀请部分家长参加活动，也有利于释放孩子们的学习压力，缓和亲子关系，加强家校沟通。家校合力，共创佳绩。
其　他	人生是一场修行，游中学，学中游，亦学亦游，这是我今后教学中新的研究方向。

《探寻新航路》一课思政教育的教学设计及反思

教学目标

☆1. 了解新航路开辟的原因和条件，主要航海家、时间、路线等基本史实。

☆☆2. 依据教材内容动手绘制几位航海家的简要航海路线示意图（设计意图：时空观念、全球意识），并能口头表述几位航海家探寻新航路的概况，从时间、国别、路线、主要成就等方面做归纳比较（设计意图：开放的意识、发展的意识）。理解新航路开辟的影响（设计意图：全面辩证地看待问题）。

☆3. 学习航海家们不怕吃苦、勇于探索的精神（设计意图：培养航海精神）。

教学内容

教学重点：

1. 分析新航路开辟的原因。

2. 比较几位航海家开辟的新航路。

教学难点：

分析新航路开辟的影响。

本课主要探究的问题：

1. 探寻新航路的原因和条件。

2. 新航路开辟的过程。

3. 新航路开辟的影响。

教学过程

导入新课：

展示“世界地图”，回顾地理知识，世界有七大洲四大洋（设计意图：复习地理知识，形成时空观念，培养开放的心态、全球的意识）。你知道太平洋是谁起的名字吗？还有这个衣着华丽的黄皮肤、黑眼睛、黑头发的印第安人，又是谁给他们取的名字？在15世纪以前，人们并不清楚世界究竟有多大，有多少陆地，有多少海洋。一些人相信地球是圆的，认为无论向东还是向西，都可以绕地球一圈回到原地。第一批实践这个设想的是哪些人？他们为什么愿意去冒险呢？今天老师带着大家一起学习第15课《探寻新航路》。

第一步：展示学习目标（设计意图：明确目标，让学生自主学习有的放矢）。

这节课我们将一起从这3个方面来探究学习：

一、探寻新航路的原因及条件。

二、新航路开辟的过程。

三、新航路开辟的影响。

第二步：检查学生自主学习的情况（设计意图：了解学情，对学生开展非智力因素培养，对认真读书的孩子表示肯定）。

第三步：合作探究（设计意图：教师通过史料、图片、视频、游戏等方式，培养学生合作、探究、创新精神）。

探究一：新航路开辟的原因及条件

阅读教材，说说新航路开辟的原因是什么。

①经济根源：商品经济日趋发达，欧洲人渴求开拓新的贸易市场；②社会根源：《马可·波罗行记》在欧洲掀起前往东方实现黄金梦的“寻金热”；③商业危机：奥斯曼土耳其帝国建立后对东地中海地区的控制，使东西之间商路受阻。

设计亮点：教师通讨史料分析、图片展示，培养学生研究经济的能力。

欧洲航海家能不能实现远洋航行的梦想？

设计亮点：图片展示，直观教学，告诉学生一定要立足实际，制定切实可行的目标，如果目标太大就是空想，太小就没有进步。有条件向上，就要向上，没有条件，创造条件也要向上。比如本课中哥伦布写给西班牙王室的那封信就是最好的创造条件向上的思政教育材料。

分析条件：

1. 客观：造船技术的进步，航海技术的发达，地圆学说流行（强调科技进步的重要性）。

2. 主观：西班牙、葡萄牙王室的支持；航海家的努力（强调个人努力的重要性）。

探究二：新航路开辟的过程

1. 观看视频。

设计亮点：播放视频，展示航海日记，突出在困难面前，航海家不怕困难、勇于探索、勇于创新、坚持不懈的精神品质。用这个鲜活的事例感染孩子。

据《哥伦布航海日记》记载：在辽阔的太平洋上，没有陆地、岛屿。食品奇缺，100 多个日日夜夜里，他们没有吃到一点新鲜食物，只有面包干充饥，后来连面包干也吃完了，只能吃点生了虫的饼干碎屑，这种食物散发出像老鼠屎一样的臭气。船舱里的淡水也越来越浅，最后只能喝带有臭味的变质黄水。为了活命，连盖在船桁上硬得像石头一样的牛皮也被充作食物，有时，甚至吃木头的锯末粉（创设情境，培养学生吃苦耐劳、不怕困难、坚持不懈的精神）。

2. 找出新航路开辟中的几条主要航线，并尝试绘制航海路线图（培养学生脑中有图、胸有成竹、脚下有路的意识，用迪亚士和达·伽马的航线做对比，再一次表明只要方向是正确的，达·伽马加大马力前进就是成功）。

新航路：指 15 世纪末 16 世纪初开辟的不经过地中海而是绕过非洲或美洲到达亚洲的航路。①从欧洲绕过非洲南端到达印度的航线。迪亚士：1487 年，在葡萄牙王室的支持下，沿非洲西海岸南下，到达非洲好望角。达·伽马：1497 年，从葡萄牙出发，绕过好望角，溯非洲东海岸北上，横渡印度洋，1498 年到达印度西海岸。②自欧洲向西航行。哥伦布：1492 年，在西班牙王室的资助下，横渡大西洋，到达巴哈马群岛中的圣萨尔瓦多岛，后又“发现”了古巴和海地。麦哲伦：1519 年，受西班牙国王之命，穿越大西洋、太平洋和印度洋，于 1522 年返回欧洲。

3. 归类游戏，找航海家及航行时间、路线、资助国家（培养团队意识、合作精神）。

探究三：新航路开辟的影响

问：新航路的开辟有什么影响？（设计意图：史料实证、历史解释，辩证分析问题）

1. 对世界

欧洲与亚洲、非洲、美洲建立起直接的商业联系，往来日益密切。(世界市场的雏形开始出现)

世界开始连为一个整体，世界的观念也从此逐步确立起来。

促进了不同文明之间的相互交流。

2. 对欧洲

欧洲大西洋沿岸工商业经济繁荣起来（世界贸易中心由地中海沿岸转移到大西洋沿岸)，促进了资本主义的产生和发展。

揭开了西欧各国殖民掠夺、侵略和扩张的序幕。

3. 对亚非美洲

给亚、非、美洲人民带来了沉重的灾难（培养世界意识和全球史观)。

展示相关材料，分析得出结论（强调唯物史观，注意一定要客观全面公正地分析问题)。

课堂小结：

欧洲人，寻财富

冒险开辟新航路

迪亚士到好望角

达·伽马终到印度

美洲大陆哥伦布

麦哲伦船环球行

各洲联系不生疏

世界一体始揭幕

（培养开放的心态，积极进取的精神，幽默、乐观向上的品质）

展示学生的自编口诀：弟弟（迪亚士）去了好望角，哥哥（哥伦布）去了美洲；大家嘛（达·伽马）去印度，买着轮（麦哲伦）船环球游。（展示自我，培养阳光、自信少年）

课后作业：根据本节课的所学知识，自主构建一个思维导图。

设计意图：相信自己，敢于尝试。

课后拓展：

1. 中外对比联系，郑和下西洋与新航路开辟的对比。

强调：郑和下西洋，在600年前打通了东南亚海上丝路。千百年来，丝绸之路传承着和平合作、开放包容、互学互鉴、互利互赢的文化精神，在人类文明进步中薪火相传。新时代的中学生要热爱祖国、睦邻友好、科学航海、兴海强国。

2. 材料分析：地理大发现展开了世界文明史转折的序幕，1500年之前，是先进的东方，落后的西方；1500年之后，是先进的西方，落后的东方。——《大国崛起》

自明代中叶以后，中国最终走上了闭关锁国的不归路，其后的几百年间，曾经如神话般的中华帝国衰落了，而自哥伦布始，西方资本主义开始了殖民扩张。——《西方文明进程》

在经济全球化的今天，重读这段历史，你有何感悟？

设计意图：注重以史为鉴，用发展的眼光看待问题。强调故步自封、闭关锁国会落后，落后就会挨打，要努力学习，振兴中华。

教学反思

课程思政开展以来，收获很多。以后要常态化、专业化开展课程思政，既不能牵强附会，也不能蜻蜓点水，要把课程内容与思政教育有机地融为一体，从而达到立德树人、培根铸魂的目的。

附（此课获省精品课奖）

<table>
<tr><td colspan="6">课程基本信息</td></tr>
<tr><td>学科</td><td>历史</td><td>年级</td><td>初三</td><td>学期</td><td>秋季</td></tr>
<tr><td>课题</td><td colspan="5">探寻新航路</td></tr>
<tr><td>教科书</td><td colspan="5">书名：统编教材
出版社：人民教育出版社
出版日期：2021 年 7 月</td></tr>
</table>

班级实施家校共育的实践成果报告

摘要："家校共育"关键在于"共"，家庭和学校的互相配合程度，影响着孩子的成长和发展。而"家校共育"的"育"是家长和学校的共同目标。本次报告就"班级实施家校共育"开展了一次实践探索，该实践在生源不好的情况下，减负提质，不仅减少了家校矛盾、家庭矛盾，而且让我校办学水平稳居全县同等学校前列，为践行《家庭教育促进法》提供了经验，创新了德育模式。"家校共育"促进了学校与家庭、社会的沟通，优化了教育环境，培育出品德高尚、充满活力和创造力的社会主义建设者和接班人。

关键词：家校共育；教育模式；孩子；沟通

一、课题提出的背景

我校地处城乡结合地带，外出务工家长多，导致留守儿童、隔代教育问题多，家庭教育存在许多误区，教师也存在理念陈旧、职业倦怠的问题。为了提升教师和家长育人水平，充分发挥家庭在未成年人思想道德建设中的重要作用，2016 年我们开启了"班级实施家校共育的实践探索"活动，确立了以提升师生、家长素质为目标的研究框架，创建了以"家校共育"为核心的"共育读本"，建立了"以学促研，研学共进"的家校共育模式，最后落实到帮助家长创设良好的家庭环境，进行科学的家庭教育，从而进一步促进了学生身心健康和谐地发展。本次调查研究，我们发现当前教育存在以下问题：

1. 家庭教育存在误区，家庭教育严重缺位

一是家长认为教育的责任就理所当然在学校，不少家长没有意识到家庭是孩子人生的第一所学校，自己就是孩子的第一任老师。家长常常只关注孩子的素质、对孩子提出要求、指责孩子过错的多；关注自己素质、对自己提出要求、反思自己行为的少。二是家长在教育孩子过程中不得法：关注文化、身体素质与注重物质投入和结果的多，关注道德、心理素质，注重情感投入与过程的少；期望过高的多，注重实际的少。我校大部分学生属于留守儿童，家长和监护人受教育程度不高，认识不到家庭教育的重要性；部分家长甚至坦言“病要大夫看，孩子要老师教”，把教育子女的责任完全推给了学校。

2. 教师育人理念需更新，育人技术要提升

我校教师年龄呈哑铃状分布，要么是非常年轻刚刚走上岗位的顶岗实习、临聘教师，他们没有工作经验；要么是接近 50 岁或者已经接近退休年龄的老教师（最近两年的退休人数将达到 42 人），他们用老经验来解决新问题，为了提高学生成绩，还在抢时间、满堂灌、搞题海战术，导致老师的“教”与学生的“学”对接不好，学生厌学，老师“恨铁不成钢”，教育不得法，困难重重。

3. 学生的基础不好，家庭缺少关爱

一方面，部分学生基础差，家长不注重培养孩子良好的学习习惯，而是盲目给孩子报校外补习班，既增加了孩子的课业负担，又增加了家庭经济负担，还直接引发了厌学；另一方面，我校大多数学生家长没有正式工作，文化水平低，整天在外忙于生计，对孩子陪伴少，学生成了关在笼子里的金丝鸟，没有生活实践的体验，学习文科不关心时政，学习理科又缺少应用。因为家庭缺少关爱和沟通，导致孩子产生了叛逆心理。此外，还有部分学生的父母离异，没有给予孩子温暖的家，导致孩子产生孤独感，严重的还会让孩子产生自闭心理，更加没有心思去学习，从

而产生逆学心理。

总结以上 3 点，教师和家长更要加强教育教学，从而促进学生成长。教师要改变学生和家长，先要改变、提升自己；要让教育得法，先让自己成长；要让学生进步，先让家长进步；家校共育，才能比翼齐飞。

二、理论依据

2004 年 2 月 26 日中共中央国务院颁布了《关于进一步加强和改进未成年人的思想道德建设》中明确指出："要把家庭教育与社会教育、学校教育紧密结合起来。"《国家中长期教育改革和发展规划纲要（2010—2020 年）》在第四章第十条指出："充分发挥家庭教育在青少年成长过程中的重要作用。"2021 年 10 月 23 日第十三届全国人民代表大会第三十一次会议还通过了《家庭教育促进法》，明确该法自 2022 年 1 月 1 日起实施。这一系列文件、法规的出台，充分说明了国家非常重视家庭教育，推进家庭教育是利国利民利校的大事。

三、研究的目的

开展"班级实施家校共育的实践探索"活动，可以解决学校教育、家庭教育中的问题：主要是学生与老师、家长与老师、家长与孩子的矛盾问题，教育不得法、教育效果不好的问题。经过学习实践，再学习实践提高，让家长树立正确的教育观念，掌握科学的教育方法，尊重孩子的健康情趣，加强与学校的合作，帮助子女养成良好习惯；让教师改进教育方法，减轻学生课业负担，关注学生心灵的成长；让社会配合学校、教师，给学生提供一个良好的成长环境，家校共育，形成合力，促进学生健康成长。

四、研究的方法

1. 调查研究法：开展形式多样的调查走访，了解问题，分析问题，建立个案研究档案。

2. 文献研究法：检索与课题相关的各种文献及学校的相关档

案，查阅相关书籍，了解家校共育的理论，研究共育方案、方法。

3. 行动研究法：开展一系列家校共育实践活动：开展读书、培训、交流活动，定期召开读书会、家庭教育公益讲坛、家长护学岗、线上研讨交流会、亲子活动；建立“微信家长群”“家校联系卡”“家长开放日”“心理咨询室”；通过榜样示范、研讨交流、分享成果、日念三好（家人或者身边的人）、开展境育，让教师、学生、家长走上常态化、科学化同修共进的道路。

4. 经验总结法：总结教育实践经验，认识家校共育过程的规律性，为已有的教育理论增添新内容。总结教育工作者普遍关注和思考的热点问题，针对家长、学生、教师编撰出家校共育读本。

五、研究步骤

第一阶段：准备阶段（2016 年 1 月）

制订课题研究实施方案，订阅相关的报刊，建立家校共育 QQ 群，大面积展开调查走访。

第二阶段：实施阶段（2016 年 3 月至 2021 年 10 月）

1. 召开“家校共育”工作会议，组织教师及家长学习相关理论知识。

2. 开展“读书活动”，由教师、家长选择主题参加“菜单式培训”。

3. 开展研讨交流活动，对外设立专门宣传栏，宣传家教知识。

4. 学校体艺节老师、家长、学生同台才艺大展示。

第三阶段：总结阶段（2021 年 11 月至 2022 年 1 月）

1. 举办“家校共育”论坛。

2. 整理汇编家校共育范本《家长读本》《教师读本》《学生读本》。

3. 学校外围墙设计专栏，对外宣传“明星家长、优秀学生、名优教师”。

六、研究过程及具体做法

（一）建家长群，创建家访制度和家校共育方案

很多矛盾的出现都是因为没有好好沟通造成的。我们在新生入学第一天就建立家长群，创建家访制度和家校共育方案。在家访中，老师平易近人，坦诚相待，接受学生、家长给自己提意见、谈看法。建立家访情况记载表，建立台账，碰到问题逐一解决。有的孩子或家长，不是一次、两次就能敞开心扉，老师会在他开心的时候多跟他拉家常。一来二去，他们没有心理防备了，孩子和家长都觉得老师家访不是去“告状”了，这个心结就打开了。老师也用自己的言行举止在他们面前做好“立德”的表率，他们信任、佩服老师，问题迎刃而解。

（二）教师读书，加强自身学习

做任何事情，如果觉得很困惑，或者很苦很累，那一定是没有掌握好方法。带着工作中的疑问去有的放矢的读书、学习，效果好。我们读的书目主要有：（美国）史蒂夫·柯维著的《高效能人士的七个习惯》、（日本）稻盛和夫著的《干法》与《活法》、金惟纯先生著的《人生只做一件事》、（美国）简·尼尔森著的《正面管教》、（美国）乔希·西普著的《解码青春期》、（美国）保罗·史托兹著的《逆商》等。

（三）家校协作，开展家庭教育学习

在宜章县妇联和关工委关心指导下，谭兰霞老师成立了家庭教育公益讲坛，这个公益讲坛的讲师团每周五晚上 7 点半开讲，到现在已经开讲了 233 期。一方面我们邀约家长参加听课，另外一方面，我校也随时开展家庭教育讲座，推荐一些书籍让他们参与阅读学习。推荐的书籍主要有：《如何成为合格的父母》《让孩子在关爱中成长》《解码青春期》《家庭教育》《与孩子共读共书》《你就是孩子最好的玩具》《会爱才是真爱》《不输在家庭教育上》《好妈妈胜过好教师》及家慧库上的一些课程等。

（四）好书分享，大家齐读共进步

推荐学生阅读相关书籍《我说宜章红故事》《逆商》《心力》《告别拖延症》《干法》《如何让自己变得更聪明》《刘邦新传》《拿破仑》《贝多芬传》等。

（五）合作交流，共育家国情怀

与学生、家长畅谈家事、国事、天下事，培养家国情怀。不要刻意地说教，在上课的时候利用教学内容开展思政教育，在读报课的时候利用新闻热点讲德育，在家长接送孩子或者家长站护学岗时与家长和学生谈天说地。可以以身边的榜样、前几届的优秀学长、网上成功人士为例子，让学生和家长都在不知不觉中受到熏陶。

（六）展示自我，引领成长

慢慢地，老师跟学生、家长成了家人，家人是可以无话不谈的。老师可以跟他们谈困惑、谈喜悦，也可以分享自己的得与失，还把自己的获奖证书拿一个晒一个，直到他们都想成为像老师一样的人。要让学生“远方有灯，脚下有路，眼前有光”，老师和家长自己先要做到“远方有灯，脚下有路，眼前有光”，“身教”胜于“言教”。书成了指引我们前行的灯，目标成了共同奋进的路，理想信念成了我们眼前的光。

经过家校共育读书学习交流，所有的问题都迎刃而解，再也没有了师生、亲子对抗，也没有了老师、家长逼着孩子读书的情境，更没有孩子或老师出现心理问题的情况，他们都可以自主地选择做最好的自己，他们都可以活出绽放的生命。

七、研究经验

（一）思想重视

1. 对老师，开展“灵魂拷问”——“假如我是孩子，假如是我的孩子”。拷问强化了师德师风，让老师认识到了“所有的问题都是老师没有换位思考，没有与他人共情，没有真正把学生当成自己的孩子造成”，将教学行为和育人意识很好地统一到育人目标上。

2. 对家长，强调“谁赢得了家庭教育，谁就赢得了孩子辉煌的未来”。家长的人生观、道德观和价值观都会对孩子成长产生极为深刻的影响。让家长重视学习，重视家教家风建设，配合支持学校工作，既理解老师也关爱理解孩子。

3. 对学生，强调知识与能力的重要性，关注他们心灵的成长。

（二）行动落实

1. 教师参加樊登读书会、名师网络工作室、家庭教育指导师学习，推荐老师读重点书目，分享学习心得。

2. 家长参加父母专业课、父母教练课学习，提倡“身教”“境育”，提升家长，用活资源。引领家长参加家慧库、家庭教育学习，探索名门望族背后的秘密，收获高效育人的成功经验。

3. 学生主动读书、发展、成长。老师、家长的读书分享，给学生起了很好的示范作用。读书开阔了他们的视野，格局大了，所有的问题都小了。老师带着他们一起健体，同修共进，“双减”不减质量，亦师亦友，其乐融融。

（三）实践交流共享

学习只是一个“输入”的过程，而分享、交流才是一个学以致用“输出”的过程。老师、家长、学生三者之间的分享交流就是一个非常好的研讨互助、共进乐进的过程。在交流、提升中，他们是平等互助的，也是以兴趣为导向的。他们放下分数、排名等急功近利的应试教育，把注意力转移到兴趣爱好、个性发展的素质教育上来，他们都活出了绽放的自我。

八、研究的效果

1. 对学生：实现了“自我完善，自我提升”。实践 5 年来，我所带的班学生没有出现一例打架斗殴事件，也没有出现过谩骂老师或者家长到校长室状告老师的事。现在我班上有 8 个留守儿童，9 个离异家庭的孩子，4 个建档立卡贫困户，他们来自不同的家庭，甚至有不少是隔代教育的产物，但是他们能够团结奋进，和谐相处；虽然他们的基础不是一流的，但是进入全年级前150名的却在逐步增多，因为他们都有了自己的人生规划和内驱动力。我班上的彭同学，因为妈妈跑了，爸爸吸毒，后来在我和他的共同努力帮助下爸爸戒掉了毒瘾，重圆了家庭。班上的留守儿童吴茜，母亲患红斑狼疮，父亲只能常年在外面一边打工、一边带着她母亲治病，家里只有年迈的奶奶和年幼的弟弟。在老师的教育下，她自立自强克服困难，还荣获县"最美孝心少年"称号。班上刘欢同学因为父亲患有尿毒症，一直怏怏不乐。在老师和同学们的帮助下，她走出了困境，父亲的病情也稳定了……家校共育让学校、家长给予了孩子足够多的无条件的爱，爱的滋养让每一个孩子茁壮成长。

2. 对学校：读好书营造了浓厚的书香氛围，培养了一批家庭教育先锋队；全校掀起了比学赶超的热潮，研讨交流平台拓宽了共育空间，问题探究提升了共育效果。教师科研意识增强，学校先后获得了县教科研先进单位、市文明校园、市心理健康先进单位、县师德师风学习优秀组织奖、县开展课程思政先进单位等荣誉。

3. 对社会：课题研讨践行了家校共育，落实了《家庭教育促进法》，在社会上产生了很好的反响：校园周边群众到学校告状的少了，学校的美誉度提升了，对结对帮扶学校、振兴乡村教育都有一定的帮助，《郴州日报》《科教新报》《教育周刊》和宜章电视台等相关媒体都进行了报道。家长、学生、老师的素质提高了，家校共育，同修共进，比翼齐飞。

九、成果特色

1. 理论上，丰富了"家校共育"的认识，了解了家校共育过程的规律，从学习到理论，再从理论到实践，确立了以提升国民整体素质为目标导向的大教育观和家校共育范本。

2. 实践上，把家校共育落实到班级，有学有用，积累了丰富的经验，可操作性强，编写了一套有利于家校共育的读本，效果显著，促进了学校、家庭、社会配合共育。

十、成果创新点

1. 改变自己：改变自己、提升自己是一切成功的前提，所有问题的根源在自身。没有意识到这一点的人，是他不成熟、没有成长的表现。

2. 加强学习：带头学习是关键。老师带头学习，然后精选书单和思维导图分享给学生、家长和同事。学习共进了，大家才会在一个频道共鸣，否则，很多沟通都不在一个层次和频道上，那是无效或低效的沟通。自己加强学习的结果是共情的能力强了，与不同层次的人交流会采用不同的策略，讲话更有针对性了。

3. 学科思政：充分利用自己的学科优势，随时随地开展学科思政教育。几乎每一节课，我都会渗透学科思政，利用红色文化凸显立德树人。我的目的很明确，要培根铸魂，培养全面发展的社会主义建设者和接班人。教育是润物细无声的，学生没有觉得我在说教，因为我的案例都是实实在在的，用红色故事或身边的案例熏陶。

4. 以点带面：个人的力量是有限的，我还要做好传承者，做好能够传递正能量的火炬手，用一个带动一行人，再用一行人影响一群人，一群人带动一大片的人，这个传递是呈几何级增长的。

5. 扩大影响：我已经获得家庭教育指导师（高级）证，今后我会带领更多的人参加家庭教育公益讲座，践行《家庭教育促进法》。

总之，经过5年多的研究实践，我们达到了家校共育、同修共进、比翼齐飞的目的。我们精心编写了家校共育范本：4本家长读本（《每日学习分享》《家长心得精选》《每周一得分享》《家庭教育方法集》）、两本教师读本（《智慧之花》《教师学习心得分享》）和学生读本《我说宜章红故事》。现在申报成果，期盼得到各位领导、专家的指导与肯定。

今后，我们还会继续开展更系统更深层次的理论学习和实践探索，编写出更多针对性强、实用性好的书籍，落实习主席的新年寄语“民之所忧，我必念之；民之所盼，我必行之”，做《家庭教育促进法》的优秀践行者。

参考文献：

1. ［美］卡罗尔·德韦克．终身成长［M］．江西：江西人民出版社，2017.

2. ［美］简·尼尔森．正面管教［M］．北京：京华出版社，2009.

3. 石宣．不输在家庭教育上［M］．上海：中国商业出版社，2009.

4. ［美］乔希·西普．解码青春期［M］．湖南：湖南教育出版社，2019.

研学旅行篇

一个教师的追求

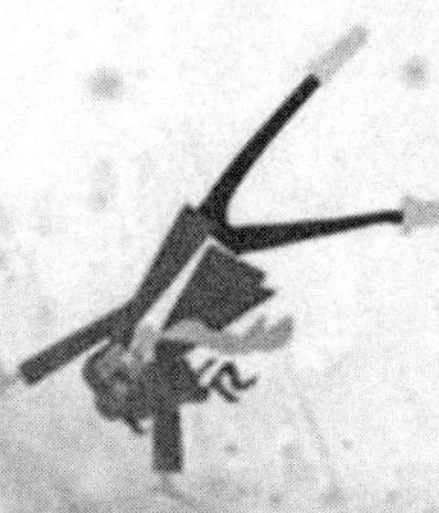

张氏族谱文化

一个家族有一个家族的文化，老张家的家庭文化是什么呢？好多年轻人回答不出，好多中年人也回答不出，只好问鼎《张氏族谱》。

整整一个暑假，我都流连在《张氏族谱》里，是那样痴迷，是那样手不释卷，连一日三餐经营的佳肴都少了些许色香味，被读谱的感叹取替了。

《张氏族谱》10 大卷，抱在怀里，沉甸甸的，别说像我这样的中年妇女，正值壮年的先生抱上三楼，也气喘吁吁的了，那分量可不轻。

我们的族谱，一个总谱，9 个分谱，承载一个名门望族的古今。我的双眸总盯在谱头上，咀嚼源远流长，品味万代其昌，任排行榜“子孙承舜尧，华夏列群豪……”名人好题字，民国副总统李宗仁荣登榜首，其立法院长孙科步步紧跟，湖南省主席程潜也不甘落后，民国三大巨头挥毫题书，足见张氏一脉在华夏大地的地位。

令人大开眼界的是“敕命”，“奉天承运皇帝制曰：……”先祖的丰功伟绩，尽在其中，想不显赫都难。

数典记祖。张氏先祖，多圣人、贤人、哲人，始祖挥公，为黄帝之长子玄嚣的第五个儿子，是古代重要战器弓矢的发明者，黄帝封其为弓正，也称弓长，弓长相合，成就了张氏一脉的姓氏。

从古至今，张氏一脉，名人荟萃：张仲，周宣王贤相卿士；

张良，“汉初三杰”之首；张华，西晋杰出的政治家、文学家、藏书家；张说，唐朝开元名相；张钦，唐朝进士，超迁节度使……文臣武将，林林总总，数不胜数，无不可圈可点，可歌可泣，形成这个家族的名人效应。

自古骚客天下行，诗词歌赋总关情。张氏一脉忠孝传家，诗书持家，科技兴家，节俭旺家，理念超前。存世的诗词联对枝枝镶嵌宗祠、门楼和农家小院，其八景诗更是比肩接踵，如：“猴岩叠翠护云烟，惹得骚人妙笔传。豹隐南山观变化，鹏程九万任高骞。”我好串家门，好寻景，至今朗朗成诵的不少于300首，可与千古流传的唐诗巨著媲美矣。

树高千尺，必有其根；水流万里，必有其源。打一修族谱面世，十修已成过往。为何修谱？届届都有开宗名义，大书特书，正因为家族旺，贤达人多，除主笔落序之外，赠序成为一大人文景观，收入其中的，有九龄的自序，朱熹的赠序，外加进士、贡生、举人、廪生、庠生、国学生的精心打造，粗略数了一下，50篇出头，彰显一脉宗亲蔚为大观的文采。

《张氏族谱》的谱头，洋洋洒洒，达530页之巨，形成家族正能量的当数家训10条、家规6条，继承祖德、忠效国家、勤为职业、孝敬父母、雍和兄弟、慎结婚姻、友睦族邻、训孝子女、崇尚节俭、禁戒非为乃立足之本，而一戒忤逆不孝，一戒挑唆是非，一戒鼠窃狗盗，一戒奸淫乱伦，一戒聚场窝赌，一戒酗酒打降，六戒醒目，警钟长鸣，那家训家规，极似国家律条，不得违拗，家法伺候可不是儿戏。张氏一族，南下宜章，原本官军，令行禁止，在宜章三堡是有目共睹的。

从古至今，广为树碑立传，有突出贡献者，代代有传承。始祖荣耀，居功至伟，自当大书特书；先祖鞠躬尽瘁者多，如张仪，如张仲景，如张骞，如张衡，独领一个领域的风骚，千古流传；现代名人也不胜枚举，如张自忠，如张学良，如张爱萍，如张际春，跃马横刀，驰骋疆场，为民请命，书写了《张氏族谱》

绚丽的篇章。

族谱的另外两大部分，一是世系图，即某人的世系所承，属于何代，其父何人，这部分的显著特征是一线到底，像南瓜笼头，每一颗瓜，都能顺着那络找到根，一是家谱正文，是按世系图中所列的人的先后次序编定的，分别介绍各人的字号、父讳、行次、生卒年月、官职、封爵、享年、谥号、婚配、子女等。一般情况下，张氏族谱的先人们在谱里所占的版面是一样大的，其实不然。走进张氏族谱，细心的你不难发现，差别还是很大的，除录入常规体例外，久远一些的，有祭田、学田几许，那是用于清明祭祀和学子求学资助的，除此之外，有的有寿文、赞辞，有的有诗词或记文，有的有墓志铭。凡此种种，都是至亲或亲朋好友缅怀先辈的真实写照，旨在后裔子孙有样学样，形成一脉公孙的固有为人处事模式，这正是张氏家族宗族最为厚重的文化底蕴。

没有文化的家庭，是走不远的家庭。在《张氏族谱》里，顺着走，原本人丁兴旺的一脉，走着走着便消失了，从时间推断，主要有两大原因，其一是战乱或天灾人祸，其二是社会大发展科技大飞跃。前者系不可抗拒的因素，不想多费口舌，我想就后者扯个闲篇。家族文化，包括两大内容，一是有文字的，如谱牒，二是没有文字的，如言传身教。文化是一个家族长时期以来形成的固有的可供承袭的，如孝顺长辈，如爱护儿童，等等，也包含居家的生活习惯、饮食习惯和风土民情，有一些记在了族谱里，我们可以向谱牒学习，有的流传在日常生活中，让我们做生活的有心人，不断在发展中继承，不断在继承中发展，使其成为这一脉最为肥沃的土地。

宜章古村腊元行

要不是莽山大旅游的开发，掀开了腊元古村的红盖头，我至今仍不识她的“庐山真面目”。

春暖花开时节，我沿着宜莽公路自驾游进了腊元古村。出发前的几个晚上，于腊元古村，我是做足了功课的，哪里有哪些抢眼的点，我已经了然于心了。

腊元古村是一座陈姓族人聚居的血缘村落。明洪武二十八年（1395），千户陈闻中携弟才用奉旨率子弟兵从茶陵卫赴笆篱堡清剿西、莽二山强寇。剿毕，屯兵腊元福基山下，依山傍水垦田而居。明嘉靖三十九年（1560）冬，古村“雍睦堂”落成，以中为贵，明、清两朝，族人依堂兴建民居 200 余幢，流传至今，形成眼前的腊元古村。

远远的，我就瞅见了低矮的门楼。听腊元人侃过，门楼是他们村的脸面，他们村村大族旺，门楼略显低矮、狭窄了些。而纵梁、横梁、月梁、抱头、雀替、天花都有精美的动物、虫草花卉及方格纹镂空浮雕，这在当今保留下来的古门楼中并不多见，目睹门楼，当真长了见识。

让我久久挪不动脚的是门楼前一大一小两口月牙形的水塘，大塘约 6 亩，称“外明塘”；小塘约 3 亩，称“内明塘”，合成一个圆，酷似道家八卦图形，有“阴阳相交，天地人合”的道家理念。“明塘”谐音“名堂”，陈氏希望族人无论在外入仕、经商、求学，还是在家从事农耕，都要做得风生水起，弄出名堂。为官者要心如明镜清如水，从军者要奋勇杀敌争功勋；经商者要心底仁善去欺诈，求学者要寒窗苦读题金榜，农耕者要精耕细作满粮仓。

我喜欢沉下心来琢磨，“内外明塘”该有别的寓意。“明塘”合起来似一个水墨相融的大墨盘，据说明清时塘岸边有族人考取功名而竖的20余副桅杆石为墨，桅杆为笔，大地为纸，笔墨纸砚文房四宝齐现腊元，寓意为陈氏代代出豪杰、世世有雄才。“内外明塘”有实用功能，因腊元皆为砖木结构的古村落，如遇天干年旱房失火，族人便可利用“内外明塘”的水及时展开自救，扑灭火患。而从易学论，亦有避邪之功。还没进村，已游兴陡涨。

每进一村，我都喜欢瞻仰宗祠风光。陈氏宗祠始建于明代，清代改建为一开三进，依低而高，寓意步步高升的二檐马头墙砖木结构建筑，约180平方米，是陈闻中夫妇的祭祀地。一进卷棚书“乐善家风”4字，诠释了腊元陈氏“忠厚传家、乐善好施”的高贵品格和“与人为善、乐于助人”的好风尚。

宗祠纵梁、横梁、月梁、抱头梁、雀替、天花雕刻精美的龙纹、麒麟、飞禽、走兽及花卉镂空雕和浮雕，彰显陈氏的豪气与对先祖的敬仰。二进是享殿，挂有先贤后秀的“甲第吐香”“德高聚秀”“淑慎遐龄”“祖德悠长”的功德匾。三进是寝殿，陈闻中夫妇塑像上的“雍睦堂”贺匾，是腊元门婿、清进士刘尧慧在改建宗祠落成时的题赠，意为腊元陈氏数千口人只建一座宗祠，不设分祠，有盛行长幼团结和睦、邻里谦让的好风尚。神龛左右一副“仑奂更新瑞映睦堂多宏伟；乾坤重整祥开弘猷兆人文”楹联，蕴含腊元陈氏的厚望与对后辈的殷切期盼。

我是慢性子，喜欢从外到内，剥笋一样最后享受内蕴，于是把目光投向炮楼、城墙。

这里的炮楼为清末民初的砖木结构建筑，占地9平方米，高二层半，原有5座，仅存2座。清末民初改朝换代，兵祸匪患迭起，民不聊生。腊元陈氏便利用古村上万米四通八达的石板巷道，几十条宽厚的内外木栅门加强防卫，在路口村尾及重点部位砌建5座10米高的炮楼和角楼，上下开凿枪眼，派专人轮流值守。为加强防御，还绕村一圈筑砌3米余高、0.8米厚的砂石护墙，墙体也开射孔。弹孔虽历时百年，仍依稀可见，仿佛还在诉说当年的惨烈。

在腊元古村，目光所触，都令人大开眼界。腊元古村的石板巷六纵十横。古巷深幽，沧桑古旧，路面长短近万米，宽敞通达，平滑如镜。它大巷小巷相接，伸展串联百家百户，宛若一根千年古藤派生出千万茎根须，把族人牢牢地箍拢，众志成城，共弹和谐之声。路通人变，相由心生，走在平展宽阔的石板路上，成就了腊元人宽厚、豁达、上进的胸怀，难怪那位叫陈安鸳的女子终身不嫁，一生在家侍奉父母，是舍不得我陈家的石板路嘀。

迷进腊元古村，真的流连忘返了，这里的名人故居特多，子英故居，茂闻故居，应鹏故居，应元故居，声唤故居……林林总总，各有各的特色，各有各的千秋，各有各的典故，手机忙不过来了，只能进行大众化的描述，从群落的角度拓展。

腊元古村的最大特色是古民居林立，构成古建筑群落。这里的单体古民居均为青砖墙小瓦房两层砖木结构的清中晚期建筑风格，单脊硬山顶，双垛封火墙，瓦面两倒水，村道平直，小巷曲折，石板铺地，整个村落的建筑规划格局是户与户分墙，墙与墙相连，四面八方都是两侧高墙夹峙的巷道，巷巷相似，却又道道不同，外人进入就像走进迷宫，很难找到出口。村子古民居多联排建筑，布局特别整齐，青砖墙夹成小巷，见巷见墙不见宅。许多人家的门楣及小窗、额枋、梁柱等都有精美的雕琢，刻画着栩栩如生的动物和精美的植物花鸟以及人物故事图案。这些建筑装饰雕刻所表现的内容却离不开封建礼制下的等级制，离不开儒家的忠、孝、仁、义和福、禄、寿、禧。这些装饰雕刻充分展现了湘南工匠的精湛技艺。古村落的立面效果十分丰富，整个村落突出的特点就是各家各户的门头十分讲究，很精致，但不繁缛，有雅趣。

这里的单体建筑由正房、左右厢房和前面房墙合围的带天井的厅屋组成，其规模不大，但也并不拘束，很紧凑适用。外观也十分朴素，青砖墙小青瓦，比较封闭，安静而舒适，山墙多为封火山墙。这里的天井较小，小到只剩一线天，堂屋里大白天都比较暗黑，可资解释的理由是湘南夏季十分炎热，屋外空气的温度很高，而屋内比较阴凉，夏季要防止内外空气对流，所以村民采用这种小天井的方法来抗暑。

腊园古村建筑的群体性在宜章本土是数一数二的。由于这里古民居是对外封闭的内向型住宅，故采用的是互相紧邻的建筑形态，这样导致古村落建筑密度很高，村子的外观以小巷为主，仿佛整个村子是由巷子组成的。曲折的小巷里似乎只有两侧的墙体连绵延伸，而并非单体住宅显现，住宅消失在没有个性的绵长高墙之后，只有比较精致的青砖门头作为点缀。其他地方的古民居大门通常都开在房墙中央正对着厅堂的位置，而腊元古村的大门却因为与村巷的关系而大多数开设在侧面，经厢房进宅。由于门既是一组建筑的出入口，又是一个家庭的代表，一个家族的象征，它自然处在该建筑的显著位置，形式当然讲究。腊元古村落在门上所反映的文化也比较集中突出，内容很丰富，有影壁门头、砖门头、木门头、屋顶门头等等，各类门头上，有的有砖雕、木刻；有的有绘画、博古器物；有的有书写或刻写文字，但它们都采用浅浮雕，平整而不唐突，总体都保持一种简洁明快的风格。大门上的文字不是宅名，而是村民喜爱的人生格言与理想追求，例如“和为贵”“寿如山”“谦受益”“忠孝持家”“忠厚传家”“耕读传家”等等。在这块相对闭塞的土地上，中国传统的道德规范和人生观念仍然主宰着人们的思想，它们都反映在居住的大门上。于是，一幢幢古民居建筑的大门，成就了丰富多彩的门文化。这种门文化体现了中国农耕社会中村民的物质生活和精神生活，成为民间艺术很重要的一部分。

七弯八拐，于不知不觉中肚子唱起了空城计，恰在这时，微风送来淡淡的清香。都说腊元人好客，有古道热肠，便寻香进了一栋民居，径直进了灶屋。灶屋里烟雾缭绕，热气腾腾，原来，主家正在蒸东西。等了片刻，出笼了，家庭主妇起锅，这才发现我立在当口，笑笑，我侧身让过，尾随返回厅屋。那东西第一次见到，甚是好奇，呆呆打量：形状像铜质墨碗，我伸出手指比画，外径6厘米，内径4.5厘米，内底径3.5厘米，高2厘米，外观很是秀气，看得人饱。主家盛情邀尝，我也不客气，三个下肚之后，才细品，甜而不腻，又香又糯，味道悠悠。

我好打破砂锅问到底。主家告诉我，墨碗饼原料简单，可工序复杂。原料是糯米、花生仁、红糖。先把糯米用冷水浸泡一个对时，泡米用两手指一搓就成粉末即可。把米沥干，放到锅里用文火翻炒，呈金黄色，透出浓郁的米香即可。在地上铺垫一块纯棉的布，把炒米摊在布上回潮，再把炒好且摊凉的米、花生仁用石磨磨成粉末，倒进大盆里，将红砂糖熬成的糖醋，按比例倒入米粉盆里，双手搓揉米粉、糖，一直搓揉到握则粘、松手则散，然后，撮一把粉，放进早已用坚木做好的阴阳模子里，阴阳一合，米饼就做成了，再放入蒸笼蒸熟。

刚出门的时候，一中年妇女扛锄而归，她打量我老半天。“你是……”总算对号入座了，原来，是四中的同学，刚跨出门的脚，又被请了回去。

当她知道我的来意后，侃起了腊元独有墨碗米饼的故事。

明朝洪武二十八年（1395），腊元始祖千户闻中公被朝廷派驻笆篱堡。是年冬，冰天雪地，莽山、西山、梅花、辽河等地山寇纠集一起，企图入犯三堡掠夺粮食、财物。闻中公派轻骑切断山寇后路，以主力攻击，把600多山寇围困在溶家洞。老百姓奔走相告，他们做了一种形似墨碗的米饼来慰劳大军，官兵们吃着香喷喷的米饼，士气大振，一鼓作气，全歼了山寇。此后，凡是闻中公部下的将士都学会了做墨碗米饼，米饼成为军民逢年过节、讨亲嫁女、老人寿诞、小儿三朝的特色食品。

有老同学引领，我的游兴陡增。她问我还想看什么？我嘿嘿了两声，想瞧瞧绝无仅有的。她把我领进了晚清贡生陈名书家，说这里的照壁文化你肯定没有领略过。照壁高约4米、宽5.8米，格纹梁架结构，上开天窗，可采光纳气，吸日月之精华、天地之灵气。下设天井，聚天水为财，又为气口，作用在于养气、排水。

滴水下书纹装饰，灰塑栩栩如生的花卉兰草浮雕，似乎伸手可采。花卉间配诗文："半榻松风披北苑，一帘花雨读南华。"借用古人的诗句来赞誉腊元古村依山而建、烟雨朦胧的景色。横梁则是造型精致、刀功遒劲在云中翻滚的双龙戏珠木雕，气势如虹。观中屏的灰雕阴刻"奎壁联辉"名句，不觉眼睛一亮，字体稳健老辣，虚实得当，把二十八宿中主文运的奎宿和主德行的壁宿同嵌一处，相亲相荣，互为作用，喻后世子孙文墨与道德并驾齐驱，齐放光彩，与下屏的一个凸出寸许的大圆灰塑，形同在运动中的日月，宇宙胸怀之博大，有气贯中天之势。两侧柱联更是一绝："敦行孝友师张仲，培养芝兰似谢安。"意为孝父母、亲友人应学西周贤臣张仲；育后人、教子弟应以东晋名相谢安的高尚品格为榜样。我不得不钦佩腊元先贤教导子孙重德修身的理念。有远大的目标，也有近时的景韵。抱头梁的花草间也隐含一些应景辞赋："四时马鬣含烟秀，万丈龙鳞带露光。""媚辞赋就丰神逸，秋水吟来肺腑香。"字里行间蕴含腊元"明月清风景物秀，山川春色楼宇新"。真的是一屋的文化。

日落西山时节，当满载而归了。心里有个疑惑，依旧没有找到答案，那就是腊元人供奉的包公庙。

包公，是北宋朝廷铁面无私的大清官，人称包龙图、包青天，是疾恶如仇、清正廉洁、大公无私的象征。民间流传最广的故事，莫过于"包公怒铡陈世美"。我不解的是，在陈姓腊元村，却建有一座包公庙，把包公当神供奉起来，且远近闻名，香火鼎盛，四季不断。

包公不正是陈姓的冤家对头吗？为什么还要给他建庙？

要了解事件的来龙去脉，还必须追根溯源。腊元始祖闻中公，不仅是个武行出身的“建威将军”，还是个满腹文韬的儒将。他以武戍边，以文立村，以耕读传家。说明腊元祖传就是以儒学治家，明理、正直、仁善、睿智、中恕、公道。何况，陈世美的原型，是一个众口称赞的、为老百姓办事的好官。是陈世美的几个同学，求陈世美开后门不成，于是这伙人恶作剧，杜撰了陈世美抛妻杀子的故事。原来如此！

腊元人明辨是非，敬重包公正义凛然，建了包公庙，把包公当神供奉起来，这就把腊元陈氏的思想境界、道德观念推崇到了巅峰。从腊元包公庙中的对联也可以证实这个理念：“铁脸一张扶正气，铡刀三口惩奸邪。”包公庙就像座右铭、警示牌，每当人们看到包公庙就会想起包公“铡美案的故事”，从而警钟长鸣，警示族人当遵纪守法，忠厚为人。当然，更多的是祈祷包公保佑平安，驱逐邪恶。

腊元行，不单是领略了腊元的古色文化，还提升了现代的道德操守。当老师的，无论是个体，还是群体，一如腊元的古民居，几百年后，无论是形似，还是神似，都当顶天立地，屹立不倒。

情满相思坑

话说宋仁宗庆历六年，周敦颐调任郴县县令，他开设学馆，培养人才。在众多的弟子之中，有一位叫赵文才的学子来自大莽山。

赵文才自幼好写写画画，下车伊始的周敦颐来到陌生的郴县，弟子们的画卷倒也让他逐渐了解了这片地域的水色山光和风土民情。他是理学鼻祖，也是文学大师，他喜欢赵文才勾勒的灵性，激出了他的莽山情结，越发对莽山钟情起来。

是年秋天，中秋过后，周敦颐率几个得意门生驱马直奔向往已久的莽山。

下了马后，在赵家堆赵文才家歇了歇脚，胡乱扒了几口饭，便徒步去登山。年轻的周敦颐一身豪气，酒量好几杯的他这天只象征性地呡了口莽山大曲——红薯酒，婉言谢绝了主家的盛情。

莽山是个大植物园，博学多才的周敦颐一路解答弟子们的质疑，句句扣住一个理字。

山那边还是山，莽山的山是肩并着肩手携着手的，麻绳般的山路掩映在密密匝匝的丛林之中。远远的，眼尖的宋繁星瞅见了一望无垠的竹海，赵文才刚才念叨过，看见了金竹林就接近相思坑了。

“瞧，那就是牛背脊。”周敦颐记得，赵文才画过一幅相思坑，确有一条修长的牛背脊，通晓风水的周敦颐一眼断定，那就是相思坑的龙脉。

顺坡而下，满眼金叶白兰，信手摘了几片嫩叶，嚼嚼，生出淡淡的苦涩，细嚼慢咽，咂过之后，一缕清甜爽心沁肺，蛮有情爱的味道。酥酥的啾啭撞响耳鼓，一行人四下里扫描，见树梢枝头，滑翔成双成对的雀鸟，一色的红嘴黄爪，绿背黄胸，羽毛花俏。赵文才介绍，那是红嘴相思鸟，绝对的成双成对，雌雄相依，连睡觉都将头伸进对方的翅翼下，声调带有厚重的调侃味。

山外的师生虽然不知究竟，却早已猜到此情此景绝对与爱情有关联，果不其然，赵文才不卖关子，直奔主题。

从前，大山里有对瑶族青年，男的叫金叶，英俊朴实，女的叫白兰，美丽善良。他们青梅竹马，两小无猜，自由相爱，沉醉爱河。两人顺理成章在发展中，期待圆圆满满的大结局。

可是，启承之后的转，令踏景的一行人大跌眼镜。

白兰的父亲爱富嫌贫，为白兰找了位家有良田百亩、屋舍数十栋、且年过半百的赵姓大户人家，白兰至死不从。依父母之命，媒婆之言，是千百年来不成文的律条，乖孩子都该恪守。金叶、白兰意欲离经叛道，起初，只是想想，却也不敢付诸行动，希望父母听人调解，回心转意。哪承想，族人容不下他们所谓的“出格”，无中生有，编派他们的绯闻，火上浇油，棒打鸳鸯……白兰相思成疾，步履蹒跚，命悬一线；金叶隔窗悬望，食不下咽，为救白兰，他攀上危崖勇下天坑采摘灵药。无奈，天不遂人愿，失足跌落深渊，一命呜呼。白兰闻讯愁肠百转，痛不欲生……哭干了泪水的白兰悲愤地登上绝崖，纵身一跳，要实现生不能同床、死亦要同穴的信誓旦旦。为爱情献身的小伙，为最爱殉情的姑娘，感动了天庭，感动了玉帝，差赤脚大仙驾临莽山，施法满足他们未了的心愿。相思坑金光四射之后，身落深渊的金叶、白兰化为比翼齐飞的红嘴相思鸟。

真是一个凄美的故事。弟子们七嘴八舌地品味和议论着，周敦颐半晌没作声。弟子们一催再催，央求恩师赐以高论，他捋掌微笑，脱口一绝：

相思坑里祭相思，竹马青梅炖小斯。

地老天荒情未了，传奇作古孕亲诗。

衍生出故事之外的故事，也成就了相思坑韵味横生的一段佳话。

樟树下访古

相传，樟树下黄氏一脉是种善心得来的善果。明朝弘治年间，那地方住得最多的是肖姓大户。樟树下黄氏的始祖正于公英年早逝，其妻李氏安贫抚孤，邻肖家宅棚而居。某日黄昏，一位远方客人路过草棚向李氏问路，李氏怜悯他风尘漂泊，把家里仅有的一只正在下蛋的母鸡杀来款待客人。客人感其诚挚，立恩现报。他走出草棚，环视四周地形，目光聚集在村中的古樟树下，认定那是一个地灵人杰的所在，建议李氏迁居到樟树树荫下，日后定能子孙昌盛。

樟树下的人就那样从一个极具传奇色彩的故事中走来，一代代演绎出可圈可点的春秋事业，其中最能佐证那则故事的正是樟树下的古村落群。

樟树下古村落坐落在宜章县梅田镇梅田村，东靠武水河畔，三面环田。古民居始建于清乾隆四十三年（1778），当时规模很小，道光至咸丰年间又有续建，逐渐形成现有的 6 个群落 200 余栋古居民。

樟树下的地形呈椭圆形，南面的小溪上横架着两座小石拱桥，村人说那是两把锁，锁金锁银，不让村里的财富流到大河里；村落两旁的小路各向南北延伸，活像一只爬着的螃蟹，风水先生说是螃蟹形，稳稳当当。地形稳当，村内的建筑格局更是四平八稳，几条两米余宽的青石板主巷道贯穿村落的东南西北，再派生出许多的支巷道，长长短短，宽宽窄窄，错综复杂，犹如迷宫，没有向导引路会转得晕头转向，分不清东南西北。主巷道的出口安装了厚重的木栅门，关上栅门，外人无法进入，这样的栅门一共有9处。村人可倚仗村落边沿连成一体的高大青砖建筑物，形成一道不可逾越的屏障，保护着村民的财产不受侵犯。整个古村落都被高而厚实的围墙圈了起来，村落的北面依然保留的一段围墙上还依稀可见开凿的内宽外窄的枪眼，似乎还在诉说着当年黄氏家族是如何手持火铳、枪支对外射击，抵御外敌入侵的。在村落东面的武水河旁的码头边，原来还建有一座3丈来高的青砖炮楼，坚固结实，屹立于村落边缘，可远眺四方俯视周围的风吹草动。

古村的民居建筑十分讲究，整个村落为清一色的青砖黛瓦，构成划线的椽檀结构式样。多数为尖山顶垂脊墙，叠瓦压栋，厅堂宽敞，厢房幽深的四房三间民居，风向水流通畅，冬暖夏凉。檐廊接檐廊，巷道接巷道，整体一气呵成，晴不晒雨不淋，走动十分方便，是理想的居住场所。特别是那一字排开的五堵二檐马头墙，两端檐瓦上翘，轻盈灵巧。中间下凹成一个马鞍形，气势宏伟，造型别致，工艺高超，这在湘南村落实属罕见，是樟树下古村落中的龙睛之作。每栋房屋由天井、正厅、鼓扇、道寺、左右厢房组成，晴天透光，雨天取氧；冬天得暖，夏天纳凉。天井廊檐错落有致，屋顶雨水从四个方位滴入天井，渗入暗涵，被称为四福归一。正厅的两侧是前厅左右厢房，正厅的后面是用木板和砖石做的墙，也叫鼓扇，鼓扇的柱子上，镶有典雅的对联，诸如“许多世家无非积德；第一人品唯是读书”，也可称之为格言警句。鼓扇将厅的后面部分隔出，叫道寺，二层的楼梯就从道寺里上，鼓扇的前面摆放着香案，香案的上面供奉着祖宗的灵位。

樟树下的古民居，最大的亮点是“门”文化。门是一栋房子的招牌，也是一个家庭的脸面。特别讲究的家庭，门槛是雕刻各色花纹的青石做的，门楣是镂空的木雕。门额上则是内容丰富的门匾，门匾一般由砖石做好底子，成15°角倾斜向上突出，再抹上掺有糯米的沙灰，然后刻上自己喜欢的精短文字，浮雕出自己喜欢的山石花草，也有各色飞禽走兽和人物。门楣文字内涵丰富多彩，诸如“云蒸”“紫气东来”“吉星高照”等等，最让大家流连忘返的是，有一户人家把《陋室铭》的前半部分写在自己的门楣上，让子子孙孙都“谈笑有鸿儒，往来无白丁”，正因为这样，才成就了樟树下人的“学而优则仕”，100余年出了进士、举人、贡生、庠生数十人，七品以上的文官武将达50人之多。

樟树下访古，如果没有赏识到那里的廊檐文化，算是白走了一遭，其“明月松间照，清泉石上流”是那样富有诗情画意，其“节俭乃安身之本；良善乃立命之根”是那样哲理深长……再辅以花草虫鱼图案，真可谓图文并茂了，这在古建筑群落中真正称得上立异标新了。

在樟树下古民居，最抢眼的当数古民居群。可是樟树下的古，其建筑群只不过是面上的菜，窖在钵底的才是真正的硬货，得慢慢掏，正所谓心急吃不了热豆腐。素雅微黄的青花瓷盘碟，把主人家道渊源引向远古；那对青石石柱，据说是放摆洗脸盆的，一高一矮，见证着一代代男女主人的举案齐眉与相濡以沫；雕龙画凤的百年古床，是那样的燕舞莺歌，啁声婉转，写真出大自然的纯朴与和谐；那对送女出嫁的酒樽，在扁担上晃晃悠悠激扬，和着哭嫁歌的韵律；还有不甘寂寞的书箱，陪伴了多少位书生的挑灯夜读；宗祠前那一对对桅杆石，像一座座历史的丰碑，昭告世人这一脉出了多少文化人；进士牌匾、恩进士牌匾，依旧悬挂在宗祠门楼，哪怕过去千年万年，它依旧是光了宗耀了祖的真实写照……

夕阳西下的时候信步走出青石小巷，脑海中的慢镜头依旧一个接一个凸现，刻字的青砖，快要被滴水穿透的青石，一夜竣工的民居……“我们老祖宗什么都缺，就是不缺钱。”村支书这句话，让人们仿佛看到了置料时的用秤称银，仿佛看到了一位民工一天打磨一匹青砖的精细，仿佛看到了糯米粉豆浆走线的豪阔。穿出栅门，越过溪流，掬一捧武水的时候，目光停在了肖家码头、双合码头、老屋码头上，百米见长的河岸竟然有 3 个古码头，樟树下当年的繁华见一斑而知全豹。

在樟树下古村落，千万别探究村落的朝向，这地方像只螃蟹不假，但它远没有螃蟹单调。樟树下人自诩是朵盛开的莲花，可是，无论你从哪个角度看去，你都找不到花蕾，也许，这也是樟树下先人给子孙遗下的最原始最宝贵的财富——四福归一。

建安文化传竹渚

荡荡悠悠的乐水河穿过一六垌，进入岩泉的第一站就是竹渚。竹渚那地方，地处于乐水之阳，倚俊美之军山，尽得山势水韵之妙，屋舍俨然似明珠，耕田整齐若棋盘。众美之中，尤以迤逦缓流之清溪为最，流经村前，绕村悠然而自然灌溉良田 500 余亩，当真是物阜粮丰。

曹道清是竹渚一族的始祖，于明朝永乐年间徙此。早先在此定居的有蒋、李两氏，据说不发人，便迁走了。

曹氏族谱可上溯到三国时的曹操，建安文化的传承根深蒂固。最能体现宗亲脉络的是曹氏宗祠，那地方叫“七步第”。这个堂号，自然而然地引领人们将其与那位七步成诗的曹植联系在一起了。竹渚人自古就有对对联的习惯，许多故事至今仍被后代流传，宗祠里至今存留着古对，颇有古风古韵，吟来令人赞叹。其“竹渚军山环甲第；白洋天马焕人文”“教以人伦才藏绣虎；绳其祖武韵似飞鸾”，宗祠是祭祖和教化子孙的地方，先祖的处世为人尽显其间。竹渚有旧、新八景诗，其“白洋仙迹”“天马奇形”“峻岭松涛”“平畴麦浪”等诗可圈可点，颇有曹操之诗骨、曹植之灵气。曹氏家训更具特色，以贻谷铭十六则的形式载入族谱，其内容为“虚以生名、敬以宅渊、虑以周务、慎以出言、勤以广益、俭以养廉、宽以代暴、简以御繁、谦以受益、忍以图全、诚以动物、静以永年”。代代子孙耳闻目详，争做圣人、贤人、哲人。这族风、家风无不是建安文化的传承、顺延和扩张。

竹渚现存的古石桥有500多年的历史了，叫清平桥，是上自大井罗家、下止竹渚郭家数以千计的村民捐资共建的百家桥，至今见证着当年周边村舍和睦共荣的盛况。竹渚人至今犹津津乐道的是明洪武年间建的那座八角宝塔。在那洪水泛滥的年代，许多自然现象无从解释，归之于河妖作怪，源于宝塔镇河妖，哪承想，宝塔高矗才半个月，便于一夜间消失得无影无踪。相传，自建塔起，临武地域鸡不鸣、犬不吠，风水先生细细究来，都是宝塔作祟，于是来了个长途奔袭，也便有了那个流传。野史终归是野史，信者自信。

竹渚别的不多，历朝历代读书人多，古文人虽然扯不上有几多登峰造极的人士，却也不乏国学生、庠生。近30年间，就出了一个博士、8个硕士，这成果和传承建安文化是分不开的。

周家湾里理学深

沿岩泉至长村的通乡公路西行 10 里许，便进入一个大湾，名叫周家湾。周家湾有三五个村落，数周家和罗家最大。

周家湾背靠巍巍的顿溪岭，四面陡峭如壁，高峰耸入云天。参天的古松遮天蔽日，山脚瀑布垂帘，潺潺流水清澈见底，沁人心脾，继而静静地流逝在一仙洞中。东面是十分壮观的凤形山，山上的古树、油茶树郁郁葱葱，为一个地灵人杰的所在。这里居住着周氏一脉，系宋代理学鼻祖周敦颐的后裔，近邻为大井头罗氏。周家湾的始祖为周安智，系宋末进士，官授南昌府丰城县尹，景炎年间迁徙此地。罗氏一脉的始祖为罗三及，为清初督粮官，见周家湾附近的邝公庙香火鼎盛，香客络绎不绝，而滋生落地生根之念。

走进周氏门楼，依稀可辨四字，由于年代久远，前两字有些模糊，后两字“莲花”清晰醒目，令人自然而然地联想起濂溪居士来。果不其然，正是周敦颐的血脉。文化人选址造屋，就是与众不同。

据周天礼先生介绍，古老的周氏宗祠雕龙画凤，其议事厅宽阔敞亮，村头那棵直指青天的柏树有 500 多年的历史了，见证着周家湾的兴盛与繁华。

周家湾的古民居有比人高的石灰墙，青石砌成的墙角，窄小的高高的木窗，雕花的门槛和门楣，还有清一色的厅屋道寺。道寺是用砖或木板将厅屋隔成的前后两厅像屏风样的建筑，而且前厅大后厅小。每栋屋都有 4 个单间，前两个从前厅的左右两间进，另外两个则是从后厅的左右两间进。道寺的正堂摆放非常精致的神龛，左右门楣上用柳体写上“中庸传家”“节俭持家”“文墨兴家”“宽以待人”诸如此类的为人之道、治家之理，彰显出理学后裔传承先祖的风范。厅屋里的天井十分透亮，天井正中的方块石上雕刻着各式吉祥图案。整个村落，目之所及，无论是文字图案，还是格言警句，无不贯穿一个理字。

几百年来，在周家湾，无论是大理，还是小理，都一如既往地传承着。理学世家，连坐桌子都十分讲究，倡导长幼有序，已经深化到用礼来体现理的境界了。在岩泉，文化氛围能与竹渚曹家相匹配的，也就只有周家湾了。

周家湾的大戏台，称得上是岩泉的一大亮点。那座戏台演了400 多年的戏，四五里开外都能听得真真切切，让一代代周家湾人精神生活充裕。

我说宜章红故事

一个教师的追求

长征先锋陈光

第五次“反围剿”失利后，中央红军被迫实施战略大转移——进行二万五千里长征。国民党反动政府派遣百万大军，对中央红军围追堵截，妄图将年轻的工农红军扼杀在革命的摇篮里。作为长征开路先锋的陈光，率部血战湘江，强渡大渡河，飞夺泸定桥，智取腊子口，一路斩关夺隘，立下赫赫战功，留下了许许多多极具传奇色彩的战斗故事……

陈　光

陈光，1905 年 2 月 24 日生于栗源团栗源堡（今栗源镇复源村），10 岁入栗源小学读书，1926 年 12 月任栗源村农民协会委员、村农民自卫队队长。1927 年 12 月加入中国共产党。1928 年 1 月参加湘南起义。井冈山会师后，任二十九团一营三连连长。1930 年 10 月任红四军第十师三十四团团长，1931 年 5 月任红十师参谋长，11 月任红十师师长。1932 年 10 月改任红十一师师长。1933 年 8 月调任少共国际师首任师长，11 月任红一军团二师师长。1934 年 1 月当选为中华苏维埃共和国第二届中央执行委员。

1934 年 10 月 14 日，中央红军开始长征，上级命陈光率领的红二师为红一军团的前卫，掩护中央纵队和后续部队出发。

红二师在江西信丰河边首先突破敌人第一道封锁线，为中央红军突围长征打开了缺口。红二师继而奔袭湘粤边境的汝城、城口，突破第二道封锁线。尔后，他奉红一军团首长命令，亲率一个连到广东乐昌侦察敌情，随即指挥部队抢占九峰山，掩护红一师、红六师分别西进，攻占了宜章白石渡镇和宜章县城，突破了敌人第三道封锁线。11 月 22 日，他率红二师长途奔袭，泅渡潇水，抢占了红军西进的门户——道县，并在界首、觉山一带阻击追剿之敌。27 日，他率部激战湘江，顽强阻击敌军，掩护中央纵队和后续部队冲破了敌人第四道封锁线。

12 月 11 日，红二师五团打开湖南通道继续向西挺进。14 日，六团会同红一师三团抢占贵州黎平，中共中央政治局在这里召开了黎平会议，红军改向遵义进发，红一军团受命抢渡乌江。12 月 30 日，陈光带领红二师四团飞速抢占乌江南岸的乌江界河渡口。1935 年 1 月 2 日拂晓，中央军委副参谋长张云逸赶到四团，督促四团迅速完成渡江任务。陈光立即紧急动员四团官兵，绑扎 60 多个竹筏成功强渡乌江。紧接着，红二师六团智取遵义，四团攻占娄山关，打开桐梓城，占领牛头关，在新站击溃敌军两个团，占领松坎，打乱了敌人围追堵击的部署，为中共中央召开遵义会议奠定了基础。

毛泽东重新回到红军的领导岗位之后，立即创作了他一生的“得意之作”——四渡赤水之战。陈光率红二师在四渡赤水的战役中，出色地执行了中央军委大踏步机动作战的方针。2 月下旬，红军二渡赤水再战遵义后，红二师奉命在遵义东南之忠庄攻击敌五十九师。

3 月中旬，红二师随军团三渡赤水，再入川南。下旬，红军四渡赤水，向南急进。3 月底，南渡乌江，把敌人几十万大军甩在乌江以北。3 月 31 日毛泽东来到红二师，亲自向陈光、刘亚楼面授机宜。陈光率部佯攻贵阳，调出滇军。之后挥师西进，威逼昆明，再转向北进。于 5 月上旬巧渡金沙江，跳出了几十万敌军的围追堵截和重重包围。5 月中旬，中央红军继续北上，越会理，占德昌，绕过西昌，通过冕宁大凉山彝族地区。下旬，先头部队到达天险大渡河畔。大渡河水深流急，两岸都是陡峭的高山，地势险要。红一师一团 17 勇士在安顺场强渡大渡河成功。但这里水深流急，河面太宽，不能架桥，仅凭 4 只小船红军不可能几天内渡过河去，而尾随的追兵已经迫近，情况十分紧急。中央军委决定火速抢占北距安顺场 160 公里的泸定桥。临危受命的陈光指挥并随四团沿大渡河左岸向北急进。该团不顾山高路险，顶着大雨，昼夜兼程，边走边打，三次击溃阻击之敌，以日行军 120 公里的速度赶到指定地点，飞夺泸定桥。

飞夺泸定桥是红军长征的一大壮举。红四团在二连挑选了 22 名共产党员和积极分子组成突击队，二连连长廖大珠任突击队长。5 月 29 日下午 4 时，全团数十名司号员同时吹响冲锋号，22 名突击队员在红军强大火力掩护下，冒着敌人的猛烈射击，一边在铁索上铺木板，一边攀着铁索匍匐着还击敌人移步前进。红军突击队员的英雄壮举吓呆了敌人，他们纷纷钻出工事，掉头逃跑。

6 月初，中央军委命令红一军团继续北进，迅速夺取天全、芦山，再翻越夹金山夺取懋功（今小金），同四方面军会合。军团首长把这个任务交给红二师，决定由陈光率四团带电台先行，限 12 日赶到懋功。陈光不辱使命，拿下山垭口，占领天全城，再夺宝兴城。6 月 12 日清晨，陈光率前卫四团爬上了海拔 4000 多米的大雪山。那里风狂，雪厚，空气稀薄，脚像灌了铅，每挪一步都非常艰难，指战员们相互帮助，群策群力，终于战胜了恶劣的天气，于当天黄昏前越过夹金山，在山下的达维村与红四方面军先头部队会合，实现了两大主力胜利会师。

红军继续北上。8 月中旬，陈光带少数部队试过草地时，被伏击红军的藏族骑兵打伤。幸而伤势不太严重，仍能跟随部队一起行动。8 月 21 日，红四团率先进入草地。陈光、肖华带领红二师跟进。茫茫草原一望无际，气候恶劣，天气瞬息万变，时而烈日当空，时而狂风暴雨，时而冰雹砸头，时而漫天飞雪。没有道路，没有人烟，草丛下河沟交错，泥泞不堪，腐草结成的地表层十分松软，人和骡马一不小心就会陷入泥潭，越挣扎陷得越深。陈光虽然受伤，仍然很少骑马，马尽量让伤病员骑。经过6天的跋涉，历尽千辛万苦，终于在8月26日胜利走出草地，到达班佑。

红二师走出草地后，在巴西一带集结，准备与左路军会合。张国焘背弃中央北上的决定，要右路军南下，阴谋分裂党和红军。毛泽东得悉后，在巴西召开紧急会议，决定率一、三军团连夜出发，迅速脱离了险境。会后，红二师继续作为红一军团前卫，沿着白龙江源头的栈道，进入甘南境内。敌人派重兵扼守腊子口，而腊子口是甘南通往岷县的一个险峻隘口，在连绵的高山中，一道只有30多米宽的口子夹在两个山峰之间，口子两边都是悬崖峭壁，好像被巨斧劈开。山口下面还有一条奔腾咆哮的河流，河上架有一座木桥，这是进入腊子口的唯一通道。桥头筑有碉堡，敌人在这里布置了两个营的兵力，附近还有甘肃军阀鲁大昌的4个团驻守。腊子口当真是“一夫当关，万夫莫开”的地方。由于地形不利，敌人火力猛烈，几次进攻均未奏效。入夜，陈光选拔善于攀崖的战士进行侦察，发现从红军左翼的峭壁上有能攀之崖从这可绕道至敌后，于是，陈光亲率翻山部队爬上峭壁，出其不意地绕到敌后，如神兵天降，两面夹击敌人，打得敌人狼狈逃窜。9月17日清晨，红军终于占领了天险腊子口。接着，陈光又指挥四团穷追敌人45公里，占领了大草滩，完成了他作为长征先锋的光荣使命。

从血战湘江到突破天险腊子口，陈光没有辜负中央军委及军团领导的重托，他率红二师一路打先锋，披荆斩棘，抢关夺隘，胜利地完成了一个又一个光荣而艰巨的任务，对中国革命事业做出了不可磨灭的贡献。

陈光1935年11月任红四师师长，1936年12月任代理红一军团长，1937年8月任八路军第一一五师第三四三旅旅长，1938年

3 月任代理第一一五师师长，1945 年 4 月参加中共七大，系大会代表资格审查委员会委员，1946 年 1 月任东满军区副司令员兼参谋长，后任第六纵队司令员、松江军区司令员兼哈尔滨卫戍司令员。1949 年 1 月任第四野战军副参谋长，1950 年 1 月任原广东军区副司令员兼广州警备区司令员，7 月受到不公正处理，1954 年 6 月 7 日在武汉逝世。1988 年 4 月，中共中央批准恢复陈光的名誉和党籍。

赏析：党指向哪里，陈光就打向哪里。长征中的陈光，是一位能征善战的骁将，他的一路厮杀，表现出他对党、对人民的赤胆忠心，彰显出他为革命事业奋不顾身的大无畏精神。他正是这样一个人，敢于征服一切困难，勇于压倒一切敌人，这就是宜章人的英雄精神。

吴汉杰创办红军兵工厂

吴汉杰（1897~1974），1897年生于宜章县近城团广（niǎn）田村（今属玉溪镇新田村）。1919年考入省立三师，参加宜章青年励进会，投身学生运动。1924年回乡执教，任碕石承启学校校长。1926年6月加入中国共产党。1928年1月参加湘南起义，任宜章县苏维埃政府财经委员会主任，兼任工农革命军独立第三师供给处长。上井冈山后，历任红二十九团辎重队队长，士兵委员会秘书。1931年10月任中革军委兵工厂厂长。1934年调任军委总供给部财务处长，后历任八路军总供给处出纳科长。新中国成立后，任广东省粮食厅厅长，1955年12月调任中共广东省监察委员会副书记，1974年11月8日于郴州病逝。

吴汉杰

兵马未动，粮草先行，作为工农红军的军需官，吴汉杰的感触比谁都深。不必说当年的缺医少药，不必说当年的粮草奇缺，单是枪支弹药的匮乏，就令军需官们心力交瘁了。为解燃眉之急，红军兵工厂就那样应运而生了。没有设备，东拼西凑，没有技术人才，大江南北网罗。吴汉杰和他的战友们一砖一瓦地添制，靠的是手提肩扛，把远在百里之外的缴获一脚一脚地挪回兵工厂，这在交通发达的今天，那份艰辛，许多人连想都不敢想象。吴汉杰凭着一腔热血，殚精竭虑地撑起了工农红军军工的一片蓝天，那是一部创业史，字里行间凸显的是一种硬骨头精神。

1931 年 5 月，第三次反“围剿”进入高潮。枪支告急！弹药告急！

晃着一盏煤油灯的红军总政委毛泽东已经 3 个晚上没合眼了，前线打成了白热化胶着状态，战报一个接一个，他时而兴奋，时而皱眉，手上的“喇叭筒”一支接一支，烟雾缭绕整个房间……

剑锋直指 1931 年 9 月，中央红军 3 万多人终于粉碎了蒋介石 30 万兵力的第三次“围剿”，缴获枪支 2 万余支，但这些枪支中有许多零件不全，无法使用。

这次反“围剿”的胜利，赣南和闽西地区连成一片，革命根据地进一步巩固和发展，工农红军和地方武装发展很快，迫切需要大批枪支和弹药，创办中央兵工厂迫在眉睫。

在这种新的形势下，中央革命军事委员会决定，在原有修械所和修械处的基础上，组建一个规模较大的兵工厂，负责日益繁重的修械和弹药生产任务。

“就是吴汉杰了！”朱德总司令点将。1931 年 10 月，时任军委总供给部财经处处长的吴汉杰走马上任了。根据朱总司令的指示，兵工厂必须防空。他带领几十个人，走了几十个村落，最后将兵工厂厂址定在了江西省兴国县莲矿区官田村，选在“馨香园圃”“文体公祠”“陈氏祖祠”万寿宫内，都是清一色的青砖瓦顶、油漆粉画、飞檐翘角的古建筑。

官田村是一个有 200 多户的村庄，当时是中央苏区后方的中心腹地之一。村庄四面环山，中间为盆地，一条澄碧的溪流从村中弯弯曲曲穿过，村中的河滩地势开阔平坦，鹅卵石铺成的道路四通八达，房屋依山傍水而建，后山突兀，便于防空，也便于敌人来袭时转移机械。

官田兵工厂建厂伊始，很不成气候。它是由白石红军修械厂、江西省苏维埃政府修械所、红三军团修械所、吉安县东固养金山修械处、赣县田村龙头修械处和其他一些小型机械组织合并而成的，初建时只有枪炮科和弹药科，技术力量也缺乏，干部和工人仅250余人，厂房和设备也十分简陋，仅200多把锉刀、100多把老虎钳、4座打铁炉。

在战争中学习战争，在战争中壮大队伍。兵工厂的建设也是这样的。1932年4月，红军攻克国民党钟绍奎军的巢穴岩前，缴获了敌人兵工厂和造币厂的机器设备。吴汉杰兴奋不已，连夜出发，和红军战士一道翻山越岭，用肩头把设备扛了回来。好消息一个接一个，红军又攻克了福建的重镇漳州和厦门，缴获了国民党卢兴邦和张贞的修械厂，有两部机床、一个30马力的发动机、一批汽油和其他一些材料。吴汉杰指挥红军战士将这些设备运回官田。吴汉杰次次都亲临前线，他看重的不光是设备，还有工人。在漳州和厦门，吴汉杰穿街走巷，深入工人家里，宣传革命道理，把一部分工人动员到了官田兵工厂工作。

吴汉杰是有远见卓识的人。他深知中国革命的发展，红军队伍的壮大，对于枪支、弹药的需求是难以估量的。他多次提出，让秘密战线工作的同志支持在白区广招技术工人，他的建议引起了中央军委的高度重视，中共地下组织秘密而广泛地动员萍乡、汉阳、广东、福建，甚至远在沈阳兵工厂的工人，冒着生命危险，突破重重封锁，来到中央苏区，充实到官田兵工厂。这样一来，官田兵工厂的技术力量加强了，工种多了，分工也细了；下设7个部门：枪炮科、弹药科、制造股、木壳股、刺刀股、炸弹股。官田兵工厂在鼎盛时，人数近1000人（包括辅助工人），能修理步枪、机枪、迫击炮，而且也能手工试制步枪。

在吴汉杰心里，技术工人是工厂的宝贝。一位叫张富贵的工人患了副伤寒，炎热的仲夏不停地打摆子，盖了三床棉被还一个劲地喊冷，他召集两名战士，打着火把，连夜背着他出了工厂。山路弯弯，峻岭重重，三个人轮流着背，走一段替换一下，爬了40多里山路，也不知摔了几多跤，脚上青一块紫一块的，鸡叫时分才爬到草药郎中家。他亲自熬药喂汤，直至痊愈。

中央兵工厂的工人和设备都是一点一点积累起来的。打1932年春红军攻下龙岩和漳州，缴获敌工厂的一批设备和原料，工厂就真正上规模了。后来，又逐渐增加了手摇钻床、手摇冲压机、四尺、八尺皮带车床、皮带钻床等几十部。

兵工厂最叫人揪心的是试枪、试地雷。每一次试，心都提到了嗓子眼上。吴汉杰事事亲力亲为。当然，端枪的是战士，拉线的也是战士，每一次他都紧张，生怕哪个环节出问题。跟枪支弹药打交道，一旦出现问题就没有小事。轻则负伤，重则献出宝贵的生命。

因此，吴汉杰反复叮嘱工人，每一道工序都要细心再细心，生命是开不得半点玩笑的。严把质量关，是吴汉杰的口头禅。他每次强调，绝不能让一支枪一颗子弹有质量问题而出厂。中央兵工厂虽然设备简陋，技术力量薄弱，但生产出来的武器因把关严格而极少出问题。

1932年9月，在吴汉杰的一再要求下，党组织从沈阳兵工厂调来了韩日新、郝希英、刘广臣等一批熟练技术工人，兵工厂的技术力量和生产技术得以进一步充实。寂静的山村响起了隆隆的机器声。兵工厂的生产能力大大提高，不但能修理步枪、机枪、驳壳枪，而且可以修理迫击炮，造出了完全合格的枪弹。官田兵工厂造出的地雷，威力极大，一个20多斤重的地雷，可以把周围3丈远的树木炸断。

1933年4月，第四次反“围剿”胜利后，根据地进一步巩固和扩大，官田兵工厂奉命组建成3个分厂，一是红军弹药厂，主要负责服装和生产弹药；二是红军机械厂，主要负责打制刺刀；三是由原枪炮科改为枪炮厂。吴汉杰创办的中央红军兵工厂——官田兵工厂是红军当时最大的兵工厂。它的诞生，标志着中国共产党独立创办的第一家综合性兵工厂的形成，是我军武器装备工业的发端，被誉为“人民兵工厂的始祖”。从1930年10月建立，到1934年6月迁往瑞金，近4年的时间里，共修配步枪4万多支，迫击炮100多门，机关枪2000多挺，制造手榴弹6万多枚，翻造子弹40多万发，地雷5000多颗，为武装红军、支援革命战争做出了重要贡献，作为中央红军官田兵工厂第一任厂长的吴汉杰也是功不可没的。

赏析：临危受命，能为人先，敢为人先，那是一种优秀品德。吴汉杰在峥嵘岁月里，凭借个人人格魅力，凝心聚力，潜心砥砺，苦心经营，撑起了工农红军兵工的一片蓝天，这是革命先辈不忘初心、牢记使命的一个缩影，也是他们投身革命、矢志不渝的真实写照。

百里迎送北伐军

有客路过家门口，远接远送是一种礼节，更是一种待客之道。百里迎送北伐军，在当年，却是共产党部署的一项政治任务，表现出一个政党对北伐壮举的支持，表现出工农大众对北伐军的拥戴，更表现出宜章人民对北伐战争寄予的厚望。同时，也彰显出宜章早期共产党人的活动能力和组织能力。这次迎送活动，最终成为宜章迎接大革命到来的大演习。

行进中的北伐军

“北伐军就要过宜章了!”国民党人在传，共产党人在传，工人在传，农民在传，各界人士也在传，宛如烧开的水，传得热气腾腾，传得沸沸扬扬。

1926年5月的宜章，革命的浪潮空前高涨。就是这个月，中国国民党宜章第一次代表大会在县城召开，选举了首届县执行委员会、监察委员会，中共党员李文香、黄方涛、颜秉仁、高静山、颜子乐等被选为国民党县党部第一届执行委员。那时节，国共两党秉承孙中山先生“联俄、联共、扶助农工”的三大政策，允许共产党人以个人的名义加入国民党，真正实现了国共两党的合作。李文香、高静山、颜秉仁等县委负责人当选为国民党宜章县党部第一届执行委员，实际上掌握了国民党县党部的领导权力，宜章的各项革命活动开展得如火如荼。当北伐军过境宜章之际，宜章人民迎送的准备工作做得细致而周密。

长期以来，中国人民深受帝国主义、封建主义、官僚资本主义的压迫，特别是连年的军阀混战，致使广大的人民群众生活在水深火热之中，革命的星火一旦点燃，就成为燎原的烈焰。当北伐军北上，以打倒北洋军阀孙传芳、吴佩孚、张作霖为目的的北伐军过境宜章的消息传来时，无不欢欣鼓舞，奔走相告。善于利用舆论作宣传的宜章共产党人更是借此机会推波助澜，将革命推向新的高潮。

1926 年 5 月底，国民革命军第七军一部和第四军所辖叶挺独立团等部作为先头部队开始经过宜章，出兵援助被吴佩孚援军击败而退守衡阳的第八军唐生智所部，拉开了北伐进军的序幕。同年 7 月 9 日，北伐战争在“打倒列强，除军阀”的雄壮口号声中正式开始。北伐战争的目的是推翻帝国主义支持的北洋军阀的反动统治，实现中华民族的独立、自由、民主和统一。

当北伐军开始向湖南、湖北进军时，中共宜章县地方执行委员会按照上级党委“充分发动群众，支援北伐军顺利通过宜章”的指示，发动群众在湘粤边境要道处，积极热情地做好迎送北伐军过境的工作。

史称“楚粤之孔道”的宜章是湖南的南大门，是广东国民革命政府北伐军的必经之路，做好迎送工作，有利于激励北伐军的士气。

7 月上旬，北伐军分三路进入宜章向郴州方向进军：一路从广东乐昌的九峰沿湘粤两省交界的宜章赤石，进入平和，向郴县的良田进发；一路经乐昌坪石进入白石渡，经太平里过折岭到郴县良田；一路从坪石过宜章罗家灌进入县城，再北上过折岭向郴县良田进军。当北伐军各路人马分别从三路进入宜章时，中共宜章党组织发动沿途各地的群众大力支援，热情迎送北伐军过境。

在宜章县城，县委委员吴泗来组织了300多群众，敲着锣，打着鼓，吹着洋号，举着红旗到坪石去迎接，给北伐军抬担架，送茶水，运送军粮弹药。北伐军一部经过宜章县城时，县委负责人把他们带进了县委机关所在地——关帝庙。部队一驻扎下来，立即在庙前召开群众大会。关帝庙门前人山人海，站的站，坐的坐，三三两两交头接耳，赶庙会般热闹，连少有出门的小脚女人也背着孩子、奶着孩子挤进人流瞧稀奇。当部队领导挥手示意大家安静的时候，关帝庙前竟然鸦雀无声了。可见，迎送北伐军过境的工作也做到了步调一致。部队领导宣讲的是打倒帝国主义、打倒北洋军阀、打倒土豪劣绅和贪官污吏，实行耕者有其田的政治主张。这些演讲说到了穷人的心坎里，掌声、欢笑声此起彼伏，群众是那样的欢迎，是那样的拥护。北伐，也只有北伐，穷人才有希望，才有好日子过，焉有不拥护，焉有不支持的道理！宜章多血性汉子，一番宣传，一番鼓动，好多血性男儿摩拳擦掌，巴不得立马参加队伍，为自由而战，为民主而战，为翻身得解放而战。“我要参军！”“我要参军！”热血青年呼喊着向台前拥去，一下子就有40多个青壮年报了名，参了军。第二天，北伐军的飞机飞临宜章上空时，县委组织城乡居民在艮岩岭上，用几丈长的白布扎在架子上，高高地挂在空中，为飞机导航。驻扎在县城的北伐军要离开县城时，县委委员杨子达和省农运特派员代表县委和宜章人民，一直把北伐军送到郴宜交界的折岭。

白石渡老湾村的村民热情似火。他们在北伐军经过的村巷用大红纸贴了一路标语，表达了老湾人支持北伐的心愿。当北伐军经过的时候，全村空户，老老少少、男男女女夹道欢迎，各家各户的门口都摆上小方桌，上面摆着茶水和碗，家境宽裕的还摆出了花生和赶做的炸糕，当北伐军路过家门口时，老百姓端着茶水、自家种的和制作的农家特产送到士兵手中：“不要嫌弃哟，吃了打胜仗哩。”战士们想不接受都难为情。从山上嫁到老湾村的邝四奶奶，原本是能歌善舞的女人，竟自舞自唱了起来，赢得一路笑声，一路掌声。

折岭人更是好客，当北伐军驻足歇脚的时候，宜章小调班子唱了一曲又一曲，懂事的孩子纷纷从家里搬出长条凳和竹板凳给战士们坐，有的拿把老蒲扇给满头大汗的战士扇风。折岭人家的房子大多沿骡马古道一线儿摆开，做生意的铺主歇了业，把一笼笼烤红薯蒸芋头端了出来，给北伐战士垫肚子，那份亲热劲儿，真是无以言表。

北伐军咋就那么受欢迎？一是中共宜章县委前期工作做得好，二是北伐军留给群众的印象好。确实，北伐部队纪律严明，令行禁止，秋毫无犯，每到一地就开展政治宣传和鼓动，让群众明白北伐是为劳苦大众谋幸福的道理。他们一路张贴“打倒帝国主义！”“打倒北洋军阀！”“打到吴佩孚！”“学生要读书，必须参加北伐！”“农民要耕田，必须要参加北伐！”等标语。一路上，凡是过村穿寨，他们就会高声歌唱：“打倒列强，打倒列强；除军阀，除军阀！”等革命歌曲，北伐军经过宜章极大地鼓舞了工农群众的斗志，有力地推动了宜章大革命运动的向前发展。北伐军经过宜章的时间虽然不长，其影响是极其深远的，在北伐军节节胜利的凯歌声里，宜章农民协会的活动也由秘密走向公开，为宜章后来取得年关暴动的胜利做了厚实的铺垫。

赏析：百里迎送北伐军，半个宜章都动了起来，彰显了早期共产党人的活动能力。造声势，造舆论，是宣传的需要，更是革命的需要。活动最能锤炼人，宜章的共产党人在活动中播下了火种，凝聚了力量，彰显了智慧，赢得了民心，锻炼了才干，在宜章革命史上撇捺出可圈可点的篇章。

上白家破仓起义

上白家是一座有红色文化底蕴的村落，早在大革命时期，就有 20 多个后生参加了湘南起义。抗日战争时期，村进步知识分子白上素往返于长沙、郴州，接受驻长沙的八路军、驻郴州的新四军办事处指派的任务，回乡开展地下革命活动，组建了活跃于岩泉圩的战地服务处，团结和影响了周边村落。特别是上白家的一大批热血青年，许多人成了地下革命武装的骨干，为上白家破仓起义奠定了雄厚的群众基础，使其成为湘粤边工委建立革命据点的首选之地。

白上选

上白家破仓起义纪念馆竣工了。剪彩典礼现场人山人海，歌声、笑声、掌声、鞭炮声此起彼伏。年逾八旬的革命前辈白夺锦在 10 余岁的小孙子搀扶下，踱过一个又一个展板，他边看边絮叨，任思绪的骏马奔驰在那段烽火连天的岁月……

1949 年 4 月 18 日夜晚，一队人马悄悄涉过旷阔的田垌，潜进了上白家村，领头的陈爱民做了个分散的手势，上白家村就被罩进了一张红色的大网。除了当晚参加活动的人员之外，谁也不清楚上白家村的的确确实施了戒严。

一轮满月挂在了天穹，绕着它的三五颗星星忽闪忽闪，透着几分神秘。那干人马天兵般潜进了白氏宗祠。

白氏宗祠坐落在村头，旁边有口半亩左右的水塘。白氏宗祠为四合院式的院落结构，系三进式单层建筑，分前、中、后厅，整个建筑结构为青砖、青瓦、木结构，是白氏家族进行宗族礼仪的重要场所。点亮煤油灯，人们才看清楚，陈爱民身高五尺，国字脸，浓眉大眼。陈爱民是他的化名，真实姓名叫陈克，系中共宜（宜章）乳（乳源）边工委书记，腰带上斜插着驳壳枪。紧随其后的是他的联络员白上选，先后进入宗祠的有李子明、殷石海、白上哲、白薛长、白夺锦等人。

他们是从马头下村过来的。1949 年春，宜乳边工委在该村召开了扩大的边工委第三次会议，参会人员除 3 名边工委领导成员外，还吸收了栗源支部的一些党员参会。这次会议总结了前段工作，认为敌情已基本掌握，如摸清了国民党武装交警、狗牙洞矿警、地方自卫队及其他地方武装的情况；已取得立足点（马头下、上白家和乳北部分村庄），群众已经基本发动起来；全国解放战争正节节胜利，革命形势迅猛发展。一致认为破仓分粮、开展武装斗争的时机已经成熟，提出了“反抗国民党‘三征’暴政，破仓分粮”的口号。决定立即组织群众进行破仓分粮，迅速在宜（章）南、乳（源）北开展武装斗争，然后由南到北，从山区到平原，由农村到城市，不断发展，以迎接人民解放军早日南下。会议还确定了破仓分粮的具体行动计划，决定首先在上白家村破仓分粮，揭开宜（南）乳（北）武装斗争的序幕。会后，宜乳边工委对上白家破仓起义做了周密的布置。

破仓起义为什么首选上白家？小孙孙不解，提出了疑义。真是说来话长。白夺锦告诉孙孙，白家村有深厚的群众基础。早在土地革命时期，上白家有 20 余人参加了朱德、陈毅率领的工农革命军，可惜他们都牺牲了，在湘南暴动纪念馆英烈名录中就有白治治、白洋、白召生、白岩水、白三燕、白玉光 6 位。抗日战争时期，白上素北上长沙，向八路军长沙办事处主任徐特立请示抗日救亡工作。经徐特立介绍，白上素回郴州与湘南特委书记、新四军办事处主任王涛取得联系，接受特委救亡的指令，回家乡结集一批进步青年，开展地下革命活动，他以在笆篱小学教书的身份为掩护，在岩泉圩建立战地文化服务处宜章分处，开办育英小学，开展抗日救亡宣传。与此同时，他在白家紫云庙举办进步青年补习班，推介进步书刊，传播马列主义。这一时期入党的先有白薛长、邓厚泽、郑辅诗、邓忠龙、姚志仁等，后有刘石、刘涤、刘竹、刘凯、谭华禄、李泽等，为革命撒播了可以燎原的火种，成为地下武装的骨干，成为活跃在宜章南部秘密组织的中坚力量。大批的贫苦农民也由同情革命，进而支持革命，参与革命。长期以来，他们进行“抗征兵、抗征粮、抗征税”的斗争。

进入白家村后，游击队负责戒严，由殷石海主抓，暗哨放到村外。据说，当时的区公所有一个枪炮排，距离上白家村不足一公里，一旦走漏风声，后果不堪设想。

起义前夕，本村的积极分子做了大量的工作，先是说贫道苦，继而秘密宣讲当前形势，当积极分子通知贫苦群众到白氏宗祠开会的时候，大家借着夜色的掩护，齐聚宗祠，不到半个钟头，350 余人把祠堂挤得水泄不通。

破仓，就是断敌后路。经过三大战役和渡江作战，国民党的 800 万军队已经所剩无几了，在本土还在负隅顽抗的，大多已成惊弓之鸟的小股部队，断其粮草，使其失去了依托，从根本上动摇其根基，将更快地加速蒋家王朝的覆灭。而伪政府的粮仓分散在县域各地，由信得过的亲信打理，没有派兵把守。上白家村有两座，一座在白仕品家，一座在白高山无人居住的空屋里，相距不过百十米。

群众大会由白上哲主持，陈克发表讲话，他的言语铿锵有力，颇具鼓动性。他不时挥动右手：“我们共产党领导的全国人民革命，已经取得了伟大的胜利，目前的形势很好，全国很快就要解放了。”

稍停，他扫视黑压压的人群，提高声音道：“人民要革命，穷人要翻身，要打土豪，分田地，这股革命潮流是任何反动派都阻挡不了的，我们要团结起来，打倒国民党反动派。”陈克由远而近，结合宜乳地区的形势展开，最后落在了上白家村。“上白家有深厚的革命基础，有着光荣的革命传统。上白家人敢于斗争，善于斗争。今晚，我们在上白家破仓起义，就是要断敌后路，就是要破仓济贫，把国民党伪政府存放在白仕品（白上哲之父）家仓库的田赋谷物分给劳苦大众，希望广大劳苦群众积极参加这次起义。”陈克的讲话很有启发性，很有针对性，很合穷人口味，很感动人，在场的人听得群情亢奋，感到革命非搞不可，革命的胜利就在眼前，穷人的翻身就在眼前。有人带头呼口号：“我们要跟共产党走！我们要参加革命游击队！”吼声一浪高过一浪，把大会推向高潮。

陈克挥了挥手，示意大家安静下来。他讲了注意事项和破仓起义应该遵守的纪律，捏着拳头说：“我宣布——破仓起义开始！”游击队员在前，积极分子随后，贫苦群众紧跟，打着火把朝仓库拥去。

白家老屋，一色的青砖青瓦，人字顶，马头墙，墙檐高翘。进门为厅屋，两边各有一间耳房。大门正对着的是宝壁，宝壁一侧有一半圆形拱门，穿过拱门进入倒庤，倒庤两侧也各有一间耳房，倒庤靠墙处置有一架楼梯，宽半米，容一人上下，爬上楼梯，横过倒庤便进入粮仓了。破仓后，将谷物装箩筐，或挑或抬，转运到厅屋，再你五斗，他半石，按预先造册的数量分发。分粮的群众很守纪律，两个粮仓大门前都排出了长长的队伍，没有一个插队的。分完粮食，已是深夜12点了。

陈克等人一直坐镇白氏祠堂，听取破仓分粮的进展汇报，他最关注的是戒严队员和暗哨发回的反馈信息，根据突发情况进行部署调整。

上白家破仓分粮进行得非常顺利，受到鼓舞的群众非常拥护在宜乳边开展的破仓分粮行动。是夜，陈克率领的游击队又悄悄离开上白家村回到了马头下村，上白家村有17人主动参加了游击队，投身到火热的战斗中去了。

上白家破仓起义，拉开了宜乳边区武装起义的序幕，不但取得了经济上的胜利，更重要的是扩大了政治影响，极大地鼓舞了宜乳边区人民群众的斗志。上白家村破仓起义取得胜利后，宜乳边工委组建了“宜乳边人民抗争队”，继而又组建了宜章人民抗争队。在宜（章）乳（源）边工委的领导下，宜章人民抗争队不断发展壮大。宜乳边工委的活动，对发展壮大宜章革命力量、开辟宜章南部的武装斗争及解放宜章起到了重要的作用。

破仓起义馆前依旧车水马龙，白老先生依旧津津乐道地讲述那段历史。红色文化需要传承，孩子们听得入心入肺，那座丰碑矗立在人民的心中。

赏析：一个红色的故事，树起一座红色的丰碑。那是无数革命先烈用鲜血和生命铸就的。向先辈学习，踏着他们的足迹前进，这是革命后人的使命。投身革命，投身建设，经受革命斗争血与火的洗礼，在大风大浪中成长，成为国家的栋梁之材，这是革命前辈的遗愿。一个个红色故事是子子孙孙取之不尽、用之不竭的思想源泉。

吴仲廉与枫桥经验

一种经验的出台与推广，需要实践来检验，需要时间来沉淀。吴仲廉助推的枫桥经验，60 年之后，习近平总书记再次弘扬出来，各大媒体纷纷介入，掀起了推介热潮，铺天盖地的华章席卷神州大地。一时间，街谈巷议的无不是枫桥经验。据说，枫桥经验与宜章有极深的渊源，那是一位宜章籍的巾帼才女在浙江省当最高人民法院院长时经营出来的，当然倍感荣耀和自豪……

吴仲廉批阅案卷

吴仲廉，女，1908 年 12 月出生于宜章县城关镇南关街。1926 年考入衡阳省立第三女子师范学校，1927 年 4 月加入中国共产党。1928 年 1 月参加湘南起义，2 月调工农革命军独立三师师部组建女子团，1929 年任红四军前委组织干事，1932 年 3 月任红军总部直属的女子义勇队指导员，1933 年 1 月任福建军区政治部副科长，1934 年任红五军团政治部秘书，1936 年 1 月任红九军政治部敌工部秘书，1938 年 2 月任安吴青训班女生队政治指导员。1940 年 1 月任苏皖纵队政治部主任，1946 年任中共中央东北局辽东分局妇委书记，1948 年 7 月任中共安东省委妇委书记、省委委员，1949 年 11 月任中共浙江省委妇委书记、省委委员，1952 年先后担任浙江省政法委员会副主任、省高级人民法院院长、中共浙江省委政法党组书记、中共浙江省委政法领导小组组长。1967 年 1 月，她被林彪、江青在浙江的代理人迫害致死。1978 年 11 月，中共浙江省委在杭州为她补开追悼会进行平反昭雪。

又是一个不眠之夜，毛泽东主席的指示，让她夜不成寐，都 50 多岁的人了，吴仲廉还是那样心潮激荡……

1963 年 10 月 26 日，毛泽东主席到杭州视察，听取了公安部有关负责同志关于“枫桥经验”的汇报后，哈哈大笑：“这叫矛盾不上交，就地解决，好得很嘛！”毛泽东主席只要一到杭州，就要召见当年的机要秘书、时任浙江省高级人民法院院长的吴仲廉。听完吴仲廉的汇报，毛泽东主席朗声大笑：“枫桥经验回答了两个问题——一是群众为什么懂得要这么做；二是证明依靠群众办事是个好办法。诸暨经验告诉我们，群众起来之后，做得并不比你们差，并不比你们弱，你们不要忘记动员群众，群众工作做好了，可以减少反革命案件，减少刑事案件。”稍停，毛主席端起茶杯喝了一小口水，右手挥过头顶：“要各地效仿，经过试点，推广去做。”吴仲廉当天就派出了工作组，进驻诸暨县枫桥区，调研枫桥经验。

吴仲廉是 1953 年担任浙江省最高人民法院院长的，在浙江，她开创性地做了许多有创意的工作，完全可以说，枫桥经验与她有千丝万缕的关联。

什么是枫桥经验？20 世纪 60 年代，浙江省诸暨县枫桥区的干部群众在社会主义教育运动中创造了“发动和依靠群众，坚持矛盾不上交，实现捕人少，治安好”的局面。

吴仲廉上任伊始，率先提出法院工作要携卷下乡，巡回审判，“一边作战，一边建军”。吴仲廉的建军是颇有门路的。普遍建立人民法庭和巡回法庭，到基层办案。她考虑到刚参加工作的同志容易激动，要求大家“博学、慎思、明辨、笃行”，提倡个个看昆剧《十五贯》和越剧《胭脂》，还发剧本组织学习、座谈，结合工作，总结经验教训。吴仲廉就是那样会思、善思的人，她满脑子都有掏不尽用不竭的金点子银点子，为的是巩固和发展司法运动的成果，既使全省司法工作更有力地为党的中心工作和生产建设服务，又清理了数以万计的积案，还进一步肃清了旧法的影响，有效地克服了某些法院残存的衙门作风。这一年，她 3 次来到诸暨县调研，鼓励司法工作者创造性地开展工作。

1953 年 8 月 12 日，诸暨县司法工作现场会进入高潮，吴仲廉要求司法干警带头守法，严格依法办事。她意味深长地告诫司法干警："我们人民法院是执法机关，绝不能知法犯法，绝不能当违法户。"吴仲廉最关注的是审判环节，那是关乎生命的头等大事，关联一个个家庭的兴衰，来不得半点轻率。她一再强调，必须切实地、全面地贯彻宪法和人民法院组织法规定的各项审判制度的程序，坚决反对一切不按法律规定办事的违法行为，求得从法律程序和制度上进一步保障判案的正确。

郝春风是诸暨县人民法院首任院长，也是从部队转业的干部。令行禁止是军人的作风，他汇报工作的时候多次请吴院长指示。吴仲廉笑着说："哪有那么多指示？你的汇报我听了，记在了心里，但不会当真，我要用自己的眼睛看，用心体会。"当话题转到民事审判工作上时，她要求诸暨县人民法院把民事审判工作当成一项重要任务来抓。她捋了捋遮住眼睛的刘海，严肃地说："我们都要听毛主席的话，依靠群众，调查研究，就地解决，调解为主，切实抓好人民法庭和调解委员会的建设。"吴仲廉明确表态，评价人民法院的工作，不是看你们审结了多少案件，而是看你们下降了多少发案率。发动群众，依靠群众，做好法制宣传，做好纠纷调解，少捕，没有捕，才是最大的成效。为枫桥经验的形成埋下了伏笔。

1955 年，吴仲廉把她的点定在了诸暨县人民法院，每个月巡回一次，一住就是一个星期。她在诸暨县首创人民法院人民来信登记、编号、转办、催办、审批、答复、总结、归档制度，按级按部门处理制度，做到件件有交代，事事有着落，并于 1956 年向全省推行。继而还推出了院长、庭长、处长定期轮值接见来访群众的制度。她认为，人民来信来访和申诉案件的处理是人民法院同人民群众联系的重要渠道。

这一年，诸暨县人民调解委员会如雨后春笋产生，不仅村村建立了人民调解委员会，而且个个居委会都建立了人民调解委员会。人民调解委员会的工作人员能作为，敢作为，善作为，逐步实现了小事不出村、大事不出乡镇、矛盾不上交的构想。

1959 年 5 月 17 日上午，吴仲廉来到枫桥区三江村调解委员会，恰巧碰到王金山在处理矛盾纠纷。王四贵与李立衡因宅基地发生口角。都是百年老屋，相邻的两栋民居一色的青堂瓦舍，建于清光绪年间，因时代久远，原先的界碑早已不知去向，虽有房屋契约，但界定不甚分明。王四贵想拓宽人行道，李立衡不让，说是侵占了他的宅基地，老祖宗留下的，寸土寸金。一个说占了，一个说没占，你来我往，互不相让，差点动粗，拉扯着走进人民调解委员会。得悉缘由后，王金山向两位闹纠纷的讲了一个《让他三分又何妨》的故事。

故事发生在清康熙年间，某县张、吴两名门望族为陈年宅基地问题发生争执，一纸诉纸把官司打到县衙。张姓人家出了一位在京城当大官的张英，还是太子的老师呢，便千里传书到京城求救。张英批诗一首："千里修书只为墙，让他三分又何妨？万里长城今犹在，不见当年秦始皇。"张家大度，接书后让出三尺，纠纷圆满解决。故事讲完，闹纠纷的两位先前还火药味十足，顷刻便气消了，沉默半晌之后，终于握手言和。

吴仲廉目睹了人民调解委员会工作人员的成功调解，当即点赞。她在司法工作年度表彰大会上，援用这个案例，鼓励调解委员会的工作人员再接再厉，为保一方安宁再立新功。她说，认真抓好人民调解委员会的工作，大力加强人民法庭，是人民法院工作面向生产、面向群众、面向基层的组织保证，也是法院争取工作主动的根本办法。因此，对这两项基础建设工作务必要高度重视，下大力气切实抓好。

毛泽东主席肯定和赞扬诸暨县枫桥区依靠群众治政、少捕、矛盾不上交的经验后，吴仲廉派出的工作组在枫桥区蹲点，协助当地人民法庭，大抓依靠人民调解委员会调解处理民事纠纷，大抓社会主义法制宣传教育工作，把许多纠纷及时解决在萌芽状态。仅1965年，这个区的人民调解委员会处理各类民事纠纷1813件，等于法庭受理民事案件数的21倍。全区出现了纠纷少、团结好、社会安宁、生产安心的大好局面。这个经验在全省推广后，有力地推动了全省的民事调解工作，收到了良好的社会效果。很快地，枫桥经验引起了社会各界的广泛关注，各大新闻媒体的记者云集诸暨县枫桥区，《人民日报》《光明日报》头版头条做了专题报道，参观学习的各界人士更络绎不绝，形成了枫桥气象，半个多世纪之后，仍在继续弘扬和发展，吴仲廉的呕心沥血是不可磨灭的。

赏析：吴仲廉在司法工作中，扣住了司法工作既要讲专政，又要讲民主，一定要对人民高度负责这个主题，还要明确审判工作的锋芒应指向谁，依靠谁，保护谁。她创新工作思路，助推枫桥经验的形成，并在全省乃至全国推广，充分展示了她忠于党、忠于人民、忠于法律的高风亮节。我们要铭记她实事求是、坚持原则、认真负责的工作精神。她的一言一行，恰是共产党人不忘初心、牢记使命的具体体现，值得每一位党员、干部在新的历史时期学习和效仿。

张珊丽老师正带着学生在宜章星火广场，开展《我说宜章红故事》活动，传承红色基因，赓续红色血脉。

一个教师的追求

春花秋实篇

历史课堂引心智　三尺讲台筑梦想

唐　丽　谢作塘

10 月 16 日凌晨，神舟十三号载人飞船发射成功。当天上午，宜章九中 1913 班的同学们就上了一堂与此相关的历史课——《探寻新航路》，历史老师张珊丽把教材文本中探寻航路大冒险的故事情节与新时代载人飞船的信息通过现代化教学设备进行比较。刹那间，两幅不同时代的屏幕活化了教材，激活了课堂，学生耳目一新。"同学们，今天神舟十三号载人飞船发射成功，我们向浩瀚星空又迈进了一步，古往今来，任何一个伟大的发现，都离不开知识的积累。我们既要俯视大海，也要仰望星空。从今天起，为实现中华民族伟大复兴的中国梦，大家一起努力!"张珊丽的话语刚刚结束，同学们就响起热烈的掌声。"上下五千年，中华文明历史悠久，精彩纷呈。""原来一切历史都是有迹可循的。""我也要成为一名勇敢的探索者，为祖国的进步助力!"……大家你一言我一语激烈讨论起来，浓郁的学习氛围油然而生。

结合现实生活中看得到、听得到、摸得着的事例，把历史教材用多媒体的鲜活形式展现出来，用声情并茂的歌声唱出来，亲自带领学生走进身边的历史旧址亲身去体验……躬耕三尺讲台 30 年，张珊丽用一堂堂精彩的历史课引领学生筑梦前行。

巧用新资源　活化新教材

宜章是湘南起义的策源地。2010 年中国（湖南）红色旅游节暨“红色湘鄂粤，高铁一线牵”大型主题活动在该地举办。为了帮助学生了解宜章、热爱宜章，走出校园探寻红色记忆，实现文化学习与品德培养的统一，理论学习和实践学习的统一，历史故事与时代楷模的统一，全面发展和个性发展的统一，立足该县“红教材——湘南暴动纪念馆”“活教材——健在的老革命”的本土资源优势，张珊丽创新主持开展了一堂综合实践活动课——《红色宜章》。她首先安排学生阅读《湖南史话》《宜章县志》《骑田烈火——记湘南暴动》《楚粤孔道——宜章》《宜章风采》《宜章读本》《宜章红故事》等相关图书，参观邓中夏旧居、湘南暴动旧址，积淀相关红色文化知识，随即带领学生学唱红歌、祭奠革命烈士、光荣院走访老革命，并通过解说员的解说，帮助同学们在湘南年关暴动指挥部旧址、湘南起义纪念馆、邓中夏故居追忆战火纷飞的光荣岁月。激发了浓厚兴趣的学生们更是自由发挥，组合出了几个学史兴趣小组，主动上山进寨，过红军桥，走红军街，瞧红军田，写红色作文。宜章的本土文化底蕴厚重，学生家长、亲朋好友个个有一肚子故事，为学生们了解家乡的风土人情、民间故事和名人故事提供了便利。“经此一活动，胜读十年书。”“纸上得来终觉浅，绝知此事要躬行。”同学们纷纷发出感慨。

寓教于游，润心无声。这堂生动的实践课一举获得当年全省教学比武一等奖。而《探寻新航路》更是拿下了2021年省级精品课大奖。

历史课堂不应只满足于照本宣科，一头扎进宜章这块红土地，一次次走进年关暴动策划地，追寻决策者的足迹，一回回爬上骑田岭的二尖峰，感受萧克将军“晃晃梭镖刺大天”的壮阔场景，一夜夜熬厚乡土教材，让从心里流出的文字更加原汁原味，从而过滤出让课堂信息生动、形象、直观的教育教学构想，唤起学生强烈的好奇心和求知欲，不知不觉中使学生变得爱学、好学、勤学和自学，这是张珊丽最致力于打造的课堂。

《二十九军的壮与烈》《朱德智击“许送枪”》《宜章女杰“三姐妹”》《百里迎送北伐军》……一堂堂浸润着本土红色文化的课程走进了学生的课堂，开创出历史教学的新理念、新思维、高韵味、高效率的同时，也形成了张珊丽的教育个性、教育特色和教育风格，更助其拿下了一项项奖项，成为各级老师争先学习的榜样。

丰自身学识　激课堂精彩

老师自古就被称为“智者”。扎实的学识功底、过硬的教学能力、勤勉的教学态度、科学的教学方法是老师的基本素质，其中个人学识是基础。“水之积也不厚，则其负大舟也无力。”知识储备不足、视野不够，教学中必然捉襟见肘，更谈不上游刃有余。

熟悉张珊丽的人都知道，她从不打牌，业余时间都用在了自我成长上。“学习强国”是她每天定期打卡的地方，通过加强中国特色社会主义理论体系的学习，不断增强四个自信，并积极通过课程中的典型素材引导学生热爱祖国、热爱人民、热爱中国共产党，增强学生的价值判断能力、选择能力和塑造能力，立德树人。她更自费订阅了《中国教育报》《中学历史教学参考》《湖南教育》《郴州教研》等杂志，潜心探讨汲取优秀的教学方法、执教技能。

为了上好历史课，她结合现有的教学条件情况，充分发挥现有的教学资源，自编教案，自制教具，不断寻找适合现状的教学方式，截至目前，她自制多媒体课件百余项，编写导学教案百余课，分门别类地写了4万余字的读书笔记，撰写的论文《疫情形势下班主任工作之我见》获市论文评选一等奖，《运用现代信息技术优化初中历史教学》获省级论文评选二等奖。她积极参加国培、省培、市培等各类培训，先后6次被评为优秀学员。她运用培训中学到的知识，大胆改革历史教学的陈旧方法，探索新教学模式。以学生为本，将学习的主动权交给学生，致力于开创启发式教学、小组合作式教学、小组获取式教学等教学改革实验，勇做教学改革的带头人。

仁心如母爱　师心胜母心

除了教授历史，张珊丽还担任了班主任。

人上一百形形色色。班级虽然只有半百，但各有各的心思，各有各的个性。有表现优秀的学生，也有进步缓慢的学困生，更有调皮捣蛋者。一旦发生这样或那样的争端，班主任就成了评定是非的裁判，但很多时候公正不起来，事实上没有谁能端平一碗水。张珊丽有句口头禅："没有文化的家庭是走不远的家庭。"她从历史故事中引导学生从朝代的更替、国家的兴衰，步入班级文化的打造。在她心里，班级就是一个家，用制度管理是最低境界，最高的境界是用文化管理，她引导孩子，家是讲情的地方，身为家人，每一个人都要时时处处为家着想，分担困难，和家人一起喜怒哀乐，要像爱护自己的眼睛一样爱护班级。

张珊丽曾经带过一名自小和爷爷奶奶一起生活的孤儿杨明(化名)，成绩不好，从来都是独来独往，多愁善感。一年端午节，张珊丽无意中看见杨明在学校闲逛，二话没说，张珊丽就把他带回家里一起过节，并主动给他的爷爷奶奶打去电话说："杨明来我这儿送祝福啦，不用担心。"听了张老师的话，杨明才支支吾吾地说出了内心的真实想法，大人不在家，这个节过得没意思。

吃完饭，张珊丽拿了几个粽子送他回家，路上又顺便给他买了些学习用品，鼓励他说："你现在是男子汉了，可以做家里的顶梁柱了……"感受到张珊丽的真诚关怀，杨明渐渐融入了集体，成了同学们心中的"杨大哥"，成绩更是突飞猛进，成了班上的尖子生。

在张珊丽心里，教育是一门“仁而爱人”的事业，爱是教育的灵魂，没有爱就没有教育。30 年来，她悉心掌握班级每一个学生的性格、爱好、脾气、秉性、兴趣特长、家庭情况，逐一加以引导，从来不因为有的学生不讨自己喜欢、不合自己胃口就冷淡、排斥，更不把学生分为三六九等，对后进生、学困生尤其上心。她始终把自己的温暖和情感倾注到每一个学生身上，用欣赏增强学生的自信，用信任树立学生的自尊，助力每一个学生茁壮成长。

（唐丽系湖南省《郴州日报》记者，谢作塘系通讯员）

我学习的楷模——张珊丽老师

李宏峰　湖南省宜章县第九中学

提起张珊丽老师，宜章九中的师生们都会交口称赞。张珊丽老师兢兢业业，勤奋好学，在三尺讲台默默耕耘、教书育人，彰显了人民教师高尚的品德、高度的责任感和使命感。

一、深耕课堂，做智慧型教师

《国家中长期教育改革和发展规划纲要》颁布以来，对教育提出了更高的要求，如何帮助学生健康成长，是值得一线教师思考的课题。张老师在工作中以全心帮助学生健康成长为本，立志做一名智慧型教师。张老师深耕课堂，追求课堂中的德行、能力、灵敏和创新，她的课堂是一种激情与智慧相伴、科学素养与人文素养相随、充满活力和创造力的课堂。她认真备课，深挖教材，了解学生实际，精心设计教学，大胆改革教学方法，做到充分体现以教师为主导、学生为主体的教学原则。在课堂授课中，她做到历史与现实有机结合，注意贴近生活，增加了课堂的趣味性，出现了师生互动、生生互动的充满生命活力的课堂氛围，极大地调动了学生们学习的热情，取得了较好的教学效果。她的历史课成了我校的名牌课，不但激发了学生的兴趣，又深入浅出、通俗易懂，使学生很快进入有趣的历史课堂。体现“以史为鉴”的特点，能让学生获得一种享受，获得人生体验。在张珊丽老师的引领下，我们学校的历史教学成绩一直在全县名列前茅。

二、求知若渴，做学习型教师

“问渠那得清如许，为有源头活水来。”只有学习型的教师，才能不断充实自己，不断超越自我。张珊丽老师说，只有坚持学习，让自己不断成长，才能胜任教师这个职业。为此，她把工作和学习作为生活的主旋律，在教育教学工作中，她积极向书本学习，向专家学习，向同行、同事学习，并在学习中不断用心去发现、研究、整理，使自己不断变得聪明、睿智，不断丰富自己、提高自己、超越自己，使自己在教育工作中有独到见解、优秀的教育方法、娴熟的教育艺术。她把自我教育、自我成长作为事业发展的基础。

她最爱看的书就是《义务教育历史课程标准》《智慧课堂：史料教学中的方法与策略》这两本书，从中汲取养分，将好的教育方法和教育案例在自己的教学中实践，在实践中完善自我。张老师主动参加各种学习班，不断给自己充电。通过学习，她不断更新观念，树立正确的教育观，并在实际教学中，坚持理论联系实际，将教育观念的转变落实到平常的教育教学中，逐渐形成了一个良性循环的工作动力圈。她在不断反思中前行，生命不息，学习不止，学习成了她工作和生活的主旋律。张珊丽老师还特别爱好中国传统文化，她告诉我们：通过《论语》学习到——己所不欲，勿施于人；通过《大学》学习到——大学之道，在明明德，在亲民，在止于至善；通过《礼记》学习到——师也者，教之以事而喻诸德也。

“非学无以广才，非志无以成学。”她先后考取了国家高级家庭教育指导师、信息技术 2.0 县级考评专家，同时参加“国培计划”的历史工作坊、家庭教育工作坊，总学时超过了 2000 学时，阅读专业书籍与杂志 500 多册，撰写文字材料共计 50 余万字，经常笔耕不辍到凌晨。

三、有教无类，做研究型教师

“教而不研则浅，研而不教则空”，这是张珊丽老师对教研工作的认识。张珊丽老师认为，从事教育研究不仅是教师认识、分析和解决复杂的教育问题的需要，是提高教育教学质量的需要，而且也是改变教师专业生活方式、实现教师专业成长的必由路径。

“学习—忙碌—研究”构成了张老师工作的背影，面对学生，她要做一个好老师；面对教师，她履行培训者的任务；面对领导，她不辜负信任，提出合理化建议。她坚持每周组织教师开展校本教研活动，她说，问题就是课题，行动就是研究，答案就是成果。每年 32 次的校本研修，让素质教育成为课程的主旋律；每期不少于 30 次的推门听课，让她精准帮扶每一位年轻教师；每月一次的青蓝工程，为加强师资队伍建设，培养骨干教师和学科带头人，提供了强有力的保障；每学期的体验式家长课程、家长读书沙龙、家长助教等活动，每周一篇育儿读书分享，都助力每一对父母成为好家长。她说，好老师和好家长才能成就好学生，她和老师们一起构建了宜章九中家校共育模式。张珊丽老师还是一个实干家，在教学实践与总结中，她不断探索和尝试新的教学方法和手段，进行教学改革，提高自己的教学能力，改善课堂教学质量。从“说课”到“微课”，再到“信息化教学”，大大小小的教改活动中总少不了她的身影。她先后取得了一系列的成绩：所教班级的学生全面发展，带过 12 届毕业班，毕业会考成绩均列全县同类学校之首；主持和参与省级课题 6 项，先后在《中学教师之友》《教育周刊》等报刊上发表文章近 20 篇，各级各类奖项累计达到百余次。当家长说：“张老师，谢谢您，您教我的亲子沟通方法太好用了，我儿子现在和我能沟通了。”“张老师，您是一个教育家，以前我家孩子天天和我闹，您让我多陪伴，多倾听，现在他通情达理又能体谅父母，太谢谢您了。”当老师们说：“张老师的听评课方法，让我们茅塞顿开，一下子就知道怎么听课和评课了，真好！”“张老师，您告诉我尊重学生，让学生们自己小组讨论然后再形成自己的观点，我看到了惊喜，太好了！”当学生们微笑地跑过来对着张老师说“张老师，我喜欢你”的时候，张老师也对自己说：“我因爱学生而幸福，因研究教育而幸福。”

四、大爱无疆，做奉献型教师

哲学家尼采说：“每一个不曾起舞的日子，都是对生命的辜负!”张珊丽老师的人生不设限。作为班主任，在班级管理和教学中具有很强的亲和力，她尊重学生，讲究方法，真诚地对待每一位学生，耐心细致地做好防差转差工作，想方设法为学生服务，学生都喜欢她、信赖她。在她曾任教的班级中有一名学生，父母离异，该生十分厌学，成绩很差，曾多次逃课甚至要辍学。张老师及时找他谈心，在生活和学习上关心他，只要发现他的情绪有异常反应，张老师便放下手头工作，找他了解情况。到了假期里，张老师有意识地安排与他要好的同学留心注意观察，发现问题及时向她报告，通过长时间的沟通、疏导，缓解了该生极端的情绪。功夫不负有心人，这名学生的思想有了全新的变化，心态平和了，能够乐观地面对生活，自信心增强了，学习主动性提高了，上课也能认真听讲了，学习成绩提高很快，顺利地考入了高中。现在，张老师还保持着和他的联系，关心和鼓励着他。

为了把自己的专业知识和教育理念传递给更多的家庭，帮助更多的学生成长，她深入社区开展教育公益讲座与咨询，她加入了宜章县妇联和关工委领导下的“宜章县家庭教育指导服务中心”，进一步传播中国优秀传统文化，传递家庭教育理念，引领更多家长走向科学育儿。

有许多老师看到张老师辛苦地工作，却丝毫没有倦怠之感，就不解地问张老师：“你的动力在哪里？你为什么这么努力?”张老师回答说：“因为我是一个教师，我要为学生的幸福负责。如果让我放弃，除非我不做教师，教师是人类灵魂的工程师啊，灵魂的工作岂能懈怠。”

张珊丽老师以扎实的工作作风和出色的工作成绩赢得了师生的广泛赞誉和家长的好评，衷心祝愿张珊丽老师在今后的教育教学中再创新佳绩，成为新时代教师的楷模。

读懂母亲

何　阳　河海大学2021级交通工程1班

读了《一个教师的追求》，非常朴实的语言，犹如温婉质朴的她，难怪不少同学忍不住叫她妈妈老师，“学习成长篇”展现了张老师勤学向上的奋进，太熟悉了，因为这些文章中有的她跟我们分享过。她把学生当自己的孩子，亦师亦友、言传身教，每一次分享都给我们吹响了前进的号角，她是这么写的，更是这么这么做的，我们不知不觉成了她的铁粉。“教研课改篇”展现了她学以致用的实践与创新。谁都不是天生就会搞科研课改的，张老师从教研室干事、备课组长到教研组长，再到教研室副主任、主任，一路摸爬滚打，一路砥砺前行，勤学好问是她的特点，碰到困惑她喜欢向行家学习，包里随时带着笔记本和好几只笔，一个学期下来要记上好几本笔记，还展示给我们看，要跟我们的笔记本 PK……榜样的力量是无穷的。“古今中外大凡有成就者，都是从小就有远大的理想，并为之付出艰辛的努力。而学习，是我们实现理想的阶梯。学习可以改变命运，学习可以提升能力，学习可以成就事业。”张老师的叮咛仿佛还在我耳边回响，研学旅行是我们师生最爱：在阳光明媚的春天，她带着我们去宜章榜山晴旭山庄体验红军长征的艰辛；在雨后天晴的午后，她带着我们去探寻李自成的万古金城；在清明节前后，她布置我们回老家研究本村的历史和名人逸事，探寻名门望族背后的秘密……太好玩了，原来历史可以这么学。有一次我忍不住好奇地问张老师，您怎么知道得那么多，一张铁嘴像金花秀泉，一个个故事不停地冒了出来，“害”得我们个个都想上讲台当小红军，演谭嗣同。她把每次旅行、培训经历、毕业学生的回访都变成了给我们上课的活教材。张老师就是这样用心尽情地工作着，最累的时候她一周有 18 节课，还担任学校教研室主任和一个班主任，自已戏称是“双主任老师”，每天中午还要跑着去给读高三的孩子送一顿午饭……我们问她累不累，张老师笑着唱《革命人永远是年轻》。同学们怕她累着，都变得自觉听话多了。

一个中师生，18 岁扎根在农村基层，在平凡的工作岗位上勤奋学习，刻苦钻研，勇于创新，先后多次参加省教学比武均获得省一等奖，成为全县最年轻的中学高级教师之一。原单位因为政策原因停办后，她分流到了一个新单位，在新的岗位上她义无反顾地把原来优质学校的先进经验带到了这里，被评为“市级骨干教师”，还多次被评为“市优秀命题人员”“县教科研先进个人”，她所带的学生，在各行各业都很有作为，在几十年后的校友聚会上，还在回味她讲的故事、唱的歌。张老师就是这样给人以温暖和力量，她像一盏灯照亮了我们前进的路。如今，她又活跃在家校共育公益讲坛上，给家长讲家庭教育和家风、家教的故事。这些努力，远远超越了一名优秀人民教师的境界。

“有志者，事竟成，破釜沉舟，百二秦关终属楚。”想要成才，必须立下远大的志向，再通过自己努力、奋斗，最终才能改变命运、成就事业。最后再次感谢妈妈老师的深情教诲，您永远是我的楷模和前进的灯塔。